PRINCIPAIS PEÇAS DE PRÁTICA TRABALHISTA

Luis Claudio Pereira da Silva

PRINCIPAIS PEÇAS DE PRÁTICA TRABALHISTA

3ª Edição

Freitas Bastos Editora

Editor: *Isaac D. Abulafia*
Capa: *Jair Domingos de Sousa*
Diagramação: *Formato Editora e Serviços*

Dados Internacionais de Catalogação na Publicação (CIP) de acordo com ISBD

S586p Silva, Luis Claudio Pereira da
Principais peças de prática trabalhista. - 3. ed. - Rio de Janeiro : Freitas Bastos, 2019.
144 p. ; 15,5cm x 23cm.

Inclui bibliografia.
ISBN: 978-85-7987-343-0

1. Direito. 2. Prática trabalhista. 3. Direito trabalhista. I. Título.

CDD 344
2019-58 CDU 34:331

Freitas Bastos Editora
Tel. (21) 2276-4500
freitasbastos@freitasbastos.com
vendas@freitasbastos.com
www. freitasbastos.com

Agradecimento

Agradeço a todas as pessoas que me ajudaram a tornar realidade esta obra, especialmente aos professores com os quais convivi quando lecionei na Faculdade de Macapá – FAMA, na incansável tentativa de fazer do NPJ um local de voltado para o aprendizado em que uníamos a teoria à prática. Assim é que não posso deixar de agradecer, em especial aos professores Leo e Hamilton, e às professoras Mercedes, Verena e Adriana, companheiros, antes e acima de tudo, da labuta incansável de compartilhar conhecimento.

Agradeço a todos os alunos que, durante todos esses anos, me ajudaram, igualmente, a melhorar minhas aulas e esta obra.

Volto a fazer um agradecimento especial à Professora Mercedes Lima, por ter sido a pessoa verdadeiramente responsável pela publicação desta obra em uma editora de âmbito nacional, uma vez que, em sua edição inicial, esta obra não passava de uma apostila e foi ela, sim, que praticamente me obrigou a torná-la pública e acessível a todos. Assim é que a Professora Mercedes tanto insistiu para que eu a enviasse para publicação por uma grande editora que, para atendê-la , a enviei, e, além de ter sido publicado, recebo agora a autorização para a publicação da 3ª edição. Por isso, posso dizer que a aceitação desta obra pela comunidade jurídica também é fruto da insistência da Professora Mercedes.

Apresentação

O Direito do trabalho não está fora da sociedade e nem acima da história. Seu ensino integra o Direito Brasileiro e impacta a vida dos estudantes de direito e de professores, particularmente da área trabalhista.

Há muitos mitos quanto a aspectos do Direito do Trabalho, especialmente no que se refere à redação de suas peças processuais, que o transforma em algo para especialistas, ou em elementos que existem prontos, fixos, sem a participação humana. O objetivo do trabalho do professor e advogado Luis Claudio Pereira da Silva, que vive exclusivamente de sua profissão, com quem tive, aliás, a honra de trabalhar em vários departamentos/núcleos de Faculdades de Direito tem por fim preparar o aluno para a vida profissional através dos estágios.

Com este livro, o autor buscou apresentar, em uma abordagem concisa e objetiva, com uma linguagem acessível a todos os iniciados, estudantes de direito, e mesmo professores da área, quanto à redação das peças processuais, o fornecimento de informações e ensinamentos necessários para o bom desenvolvimento dessas peças processuais trabalhistas, baseando-se na legislação aplicável, na doutrina, na jurisprudência e, principalmente, nos critérios adotados nos padrões de resposta dos exames realizados pela OAB.

O mais importante é que a construção e análise dos textos apresentados são baseadas, além da boa doutrina, evidentemente, na sólida experiência de quem atua na área do ensino jurídico há muitos anos, como é bem o caso do professor Luis Claudio, o que, lhe permite a abordagem da forma como feita, isto é, incisiva, equilibrada e, sobretudo, numa linguagem não rebuscada e que desperta o interesse do aluno ou estudioso da questão.

A obra preenche uma lacuna que de há muito vem separando os estudiosos de grandes teses doutrinárias do Direito do Trabalho, das questões candentes do mundo processual do trabalho, referentes ao formato de tais peças, das normas de comunicação entre aquele que busca justiça e aquele que profere sentenças. Nesse sentido, ela se apresenta numa perspectiva revolucionária, já que de superação da rigidez social das normas processuais, sendo o texto é um convite à reflexão sobre tais formas redacionais e de comunicação com o Poder Judiciário.

Não cuida de teses acadêmicas, feitas para atender obrigações institucionais, mas sim de estudos baseados no cotidiano da vida acadêmica dos alunos, portanto, estabelecendo a relação entre os conceitos jurídicos e a base material da sociedade, num estudo independente e vigoroso.

Mercedes Lima
Prof. M. Sc. em Direito.

Nota do Autor

Esta obra tem um único objetivo: servir de instrumento útil aos estudantes do curso de direito e aos bacharéis em direito que almejam fazer a segunda fase do exame de ordem na área trabalhista. Portanto, não tem a pretensão de esgotar nenhum dos assuntos tratados.

A abordagem que se fará sobre cada uma das principais peças profissionais trabalhistas cobradas nos exames de ordem unificados é objetiva, discorrendo exatamente sobre os aspectos formais práticos que o examinando deve observar para bem elaborar cada uma delas.

A unificação do exame de ordem se iniciou em 2007 tendo alcançado a adesão de todas as seccionais no último exame de ordem de 2009, conforme informação da Ordem dos Advogados do Brasil - OAB[1]:

> Em abril de 2007, dezessete Seccionais da OAB de diversas regiões brasileiras realizaram pela primeira vez o Exame de Ordem com conteúdo unificado. No segundo Exame, realizado em agosto do mesmo ano, este número aumentou para vinte. Desde então, as demais Seccionais foram aderindo a esta forma de aplicar o certame, que alcançou seu cume no terceiro Exame de 2009, quando todas as Seccionais da OAB realizaram a prova unificada.

Desde então, foram exigidas respectivamente as seguintes peças profissionais trabalhistas[2]:

---

1 Informação extraída do seguinte *site*, acessado em 22/10/2014: http://www.oab.org.br/historiaoab/defesa_estado.html#unificacaoExameOrdem.

2 As provas citadas podem ser encontradas nos *sites* da CESPE/UNB: www.cespe.unb.br e da FGV www.fgv.com.br

- Exame de Ordem Unificado 2007.1 – recurso ordinário;
- Exame de Ordem Unificado 2007.2 – reclamação trabalhista;
- Exame de Ordem Unificado 2007.3 – contestação;
- Exame de Ordem Unificado 2008.1 – contestação;
- Exame de Ordem Unificado 2008.2 – contestação;
- Exame de Ordem Unificado 2008.3 – reclamação trabalhista;
- Exame de Ordem Unificado 2009.1 – recurso ordinário;
- Exame de Ordem Unificado 2009.2 – ação de consignação em pagamento;
- Exame de Ordem Unificado 2009.3 – reclamação trabalhista;
- Exame de Ordem Unificado (2010.1) – contestação;
- Exame de Ordem Unificado (2010.2) – contestação;
- Exame de Ordem Unificado (2010.3) – recurso ordinário;
- IV Exame de Ordem Unificado – contestação;
- V Exame de Ordem Unificado – contestação;
- VI Exame de Ordem Unificado – contestação;
- VII Exame de Ordem Unificado – recurso ordinário;
- VIII Exame de Ordem Unificado – contestação;
- IX Exame de Ordem Unificado – recurso ordinário;
- X Exame de Ordem Unificado – ação de consignação em pagamento;
- XI Exame de Ordem Unificado – contestação;
- XII Exame de Ordem Unificado – reclamação trabalhista;
- XIII Exame de Ordem Unificado – teve como resposta duas opções: embargos de devedor/embargos à execução/embargos à penhora ou embargos de terceiro;
- XIV Exame de Ordem Unificado – reclamação trabalhista;
- XV Exame de Ordem Unificado – recurso ordinário;
- XVI Exame de Ordem Unificado – recurso ordinário;
- XVII Exame de Ordem Unificado – contestação;
- XVIII Exame de Ordem Unificado – contestação;

- XIX Exame de Ordem Unificado – recurso ordinário;
- XX Exame de Ordem Unificado – reclamação trabalhista;
- XX Exame de Ordem Unificado – contrarrazões em recurso ordinário – reaplicação da 2ª fase em Porto Velho;
- XXI Exame de Ordem Unificado – recurso ordinário;
- XXII Exame de Ordem Unificado – reclamação trabalhista;
- XXIII Exame de Ordem Unificado – contestação;
- XXIV Exame de Ordem Unificado – recurso ordinário;
- XXV Exame de Ordem Unificado – contestação com reconvenção;
- XXV Exame de Ordem Unificado – recurso ordinário – reaplicação da 2ª fase em Porto Alegre;
- XXVI Exame de Ordem Unificado – recurso ordinário;

Dessa relação se extrai que, desde a unificação do exame de ordem até o XXVI Exame de Ordem Unificado, foram cobradas as seguintes peças profissionais:

a) Reclamação trabalhista – Exames de Ordem Unificados de 2007.2, 2008.3, 2009.3, XII, XIV, XX e XXII.
b) Ação de consignação em pagamento – Exames de Ordem Unificados de 2009.2 e X.
c) Contestação – Exames de Ordem Unificados de 2007.3, 2008.1, 2008.2, 2010.1, 2010.2, IV, V, VI, VIII, XI, XVII, XVIII e XXIII.
d) Contestação com reconvenção – XXV Exame de Ordem Unificado.
e) Recurso ordinário – Exames de Ordem Unificados de 2007.1, 2009.1, 2010.3, VII, IX, XV, XVI, XIX, XXI, XXIV, XXV (reaplicação) e XXVI.
f) Embargos do devedor /embargos à execução/embargos à penhora ou embargos de terceiro – XIII Exame de Ordem Unificado.

Dessa relação se extrai que, até o XXVI Exame de Ordem Unificado, as principais peças profissionais cobradas nos exame de ordem unificados foram:

- Reclamação trabalhista;

- Ação de consignação em pagamento;
- Contestação; e
- Recurso ordinário.

Para chegarmos a essa conclusão, tomamos o seguinte parâmetro: serão consideradas principais peças profissionais aquelas que foram cobradas pelo menos duas vezes nos exames de ordem unificados já aplicados até quando atualizamos esta obra.

Vale lembrar que, em tese, poderão ser cobradas no exame de ordem todas as peças profissionais que possam ser utilizadas no Direito do Trabalho e no Direito Processual do Trabalho.

Em exames de ordem anteriores, especialmente quando eram organizados pelas Seccionais, já foram cobradas diversas peças profissionais, inclusive parecer jurídico. Todavia, mesmo nessa época, as principais peças profissionais eram essas quatro.

Isso não impede que outras peças profissionais possam ser privilegiadas nos futuros exames de ordem unificados.

Desse modo, esta obra destina-se a fornecer ao acadêmico do Curso de Direito e ao Bacharel em Direito as informações e ensinamentos necessários para o bom desenvolvimento dessas quatro principais peças profissionais trabalhistas no que tange a seu aspecto formal, baseando-se na legislação aplicável, na doutrina, na jurisprudência e, principalmente, nos critérios adotados nos padrões de resposta dos exames de ordem anteriores[3].

Caro examinando, boa prova!

---

[3] Os padrões de resposta das provas citadas também podem ser encontradas nos *sites* da CESPE/UNB: www.cespe.unb.br e da FGV www.fgv.com.br

Sumário

1

DICAS IMPORTANTES

O primeiro passo a ser dado para o bom desenvolvimento das peças profissionais trabalhistas cobradas nos exames de ordem é ter a plena consciência das regras do jogo: é imprescindível que o examinando domine as exigências impostas tanto pela Ordem dos Advogados do Brasil - OAB, quanto pela organizadora da prova, que atualmente é a Fundação Getúlio Vargas - FGV.

A regulamentação do exame de ordem consta do Provimento da OAB de n. 144, de 13 de junho de 2001.

Além dessa regulamentação, deve-se atentar para o que consta do edital e das instruções previstas na prova.

A seguir faremos alusão a algumas das regras mais importantes previstas no regulamento do OAB e no edital do XXVII Exame de Ordem Unificado. Todavia, como essas regras poderão vir a ser modificadas, aconselhamos ao examinando que verifique se as regras ainda são as mesmas quando for fazer seu exame de ordem.

Atualmente, o exame de ordem é dividido em duas provas: uma objetiva e outra discursiva; sendo que, nesta, deverá o examinando elaborar uma peça processual trabalhista e responder quatro questões, com consulta autorizada apenas a legislação, súmulas, enunciados, orientações jurisprudenciais e precedentes normativos sem qualquer anotação ou comentário.[1] Ou seja, somente poderá fazer consulta ao que consta de

---

1 Segundo o Art. 11, do Provimento da OAB de n. 144, de 13 de junho de 2001, "O Exame de Ordem, conforme estabelecido no edital do certame, será composto de 02 (duas) provas: I – prova objetiva... e II – prova prático-profissional, permitida,

seu código específico, como, por exemplo, de sua Consolidação das Leis do Trabalho (CLT) não comentada, ou de seu *Vade Mecum* etc.[2]

Por isso, o examinando deverá ficar atento para as seguintes regras, previstas no item 3.5, do referido edital:[3]

> **3.5. DA PROVA PRÁTICO-PROFISSIONAL**
>
> 3.5.1. A prova prático-profissional valerá 10,00 (dez) pontos e será composta de duas partes:
>
> 3.5.1.1. 1ª parte: Redação de peça profissional, valendo 5,00 (cinco) pontos, acerca de tema da área jurídica de opção do examinando e do seu correspondente direito processual, cujo conteúdo está especificado no Anexo II, indicada quando da sua inscrição, conforme as opções a seguir: a) Direito Administrativo; b) Direito Civil; c) Direito Constitucional; d) Direito do Trabalho; e) Direito Empresarial; f) Direito Penal; g) Direito Tributário.
>
> 3.5.1.2. 2ª parte: Respostas a 4 (quatro) questões discursivas, sob a forma de situações-problema, valendo, no máximo, 1,25 (um e vinte e cinco) pontos cada, relativas à área de opção do examinando e do seu

---

exclusivamente, a consulta a legislação, súmulas, enunciados, orientações jurisprudenciais e precedentes normativos sem qualquer anotação ou comentário, na área de opção do examinando, composta de 02 (duas) partes distintas: a) redação de peça profissional; b) questões práticas, sob a forma de situações-problema. Será considerado aprovado o examinando que obtiver, na prova prático-profissional, nota igual ou superior a 06 (seis) inteiros, vedado o arredondamento". Dados extraídos no seguinte endereço eletrônico: http://www.oab.org.br/leisnormas/legislacao/provimentos/144-2011?search=144&provimentos=True. Acesso em 20/10/2014.

2 "Em Direito refere-se a um compêndio das obras básicas para serem consultadas facilmente. O vade-mécum pode ser genérico, trazendo o texto da Constituição vigente, os códigos e as leis gerais, mas pode ainda ser especializado e compilar a legislação de uma determinada área do Direito, como é o caso do vade-mécum trabalhista ou previdenciário ou o vade-mécum de licitações e contratos. Apesar de ser um trabalho essencialmente ligado ao Direito, este não se encerra neste domínio do saber, sabendo-se existirem vade mecums nos domínios da doutrina social da Igreja, pensamento político, doutrinas de segurança e defesa. Muitos destes trabalhos são conhecidos desde o século XV, sendo que alguns deles têm conhecido constante atualização". Trecho extraído de Wikipedia, em http://pt.wikipedia.org/wiki/Vade-m%C3%A9cum. Acesso em 20/10/2014.

3 As regras citadas foram extraídas do edital do XXVII Exame de Ordem Unificado disponível em https://dpmzos25m8ivg.cloudfront.net/630/677082_Edital%20de%20Abertura%202018.3%20(XXVII%20EOU).pdf. Acesso em 12/10/2018.

correspondente direito processual, indicada quando da sua inscrição, conforme as opções citadas no subitem anterior.

3.5.2. O caderno de textos definitivos da prova prático-profissional não poderá ser assinado, rubricado e/ou conter qualquer palavra e/ou marca que o identifique em outro local que não o apropriado (capa do caderno), sob pena de ser anulado. Assim, a detecção de qualquer marca identificadora no espaço destinado à transcrição dos textos definitivos acarretará a anulação da prova prático-profissional e a eliminação do examinando.

3.5.3. O caderno de textos definitivos será o único documento válido para a avaliação da prova prático-profissional, devendo obrigatoriamente ser devolvido ao fiscal de aplicação ao término da prova, devidamente assinado no local indicado (capa do caderno). O caderno de rascunho é de preenchimento facultativo e não terá validade para efeito de avaliação, podendo o examinando levá-lo consigo após o horário estabelecido no subitem 3.6.19.1 deste edital *(60 minutos faltantes)*[4]. Em hipótese alguma haverá substituição do caderno de textos definitivos por erro do examinando.

3.5.4. As provas prático-profissionais deverão ser manuscritas, em letra legível, com caneta esferográfica de tinta azul ou preta *(transparente – conforme letra m, do item 3.6.21)*, não sendo permitida a interferência e/ou a participação de outras pessoas, salvo em caso de examinando com deficiência que solicitou atendimento especial para esse fim, nos termos deste edital. Nesse caso, o examinando será acompanhado por um agente devidamente treinado, para o qual deverá ditar o texto, especificando oralmente a grafia das palavras e os sinais gráficos de pontuação.

3.5.4.1. Por razões de segurança, o procedimento de transcrição da prova citado no subitem anterior poderá ser registrado pela FGV em aparelho gravador de áudio. Todavia, somente serão consideradas as respostas registradas no caderno de textos definitivos, único documento válido para fins de correção das provas.

3.5.5. O examinando receberá nota zero nas questões da prova prático-profissional em casos de não atendimento ao conteúdo avaliado, de não haver texto, de manuscrever em letra ilegível ou de grafar por outro meio que não o determinado no subitem anterior.

---

4 As notas entre parêntesis e escritas em itálico foram inseridas pelo autor desta obra.

3.5.6. Na redação das respostas às questões discursivas, o examinando deverá indicar, obrigatoriamente, a qual item do enunciado se refere cada parte de sua resposta ("A)", "B)", "C)" etc.), sob pena de receber nota zero.

3.5.6.1. O examinando que indicar somente uma alternativa ("A)"OU "B)" OU"C)" OU etc.) na sua resposta e não assinalar a alternativa subsequente, terá corrigida somente a que estiver indicada expressamente no caderno de respostas observado o disposto no item 3.5.7.1 *(abaixo transcrito).*

3.5.7. Para a redação da peça profissional, o examinando deverá formular texto com a extensão máxima definida na capa do caderno de textos definitivos; para a redação das respostas às questões discursivas, a extensão máxima do texto será de 30 (trinta) linhas para cada questão. Será desconsiderado, para efeito de avaliação, qualquer fragmento de texto que for escrito fora do local apropriado ou que ultrapassar a extensão máxima permitida.

3.5.7.1. O examinando deverá observar atentamente a ordem de transcrição das suas respostas quando da realização da prova prático-profissional, devendo iniciá-la pela redação de sua peça profissional, seguida das respostas às quatro questões discursivas, em sua ordem crescente. Aquele que não observar tal ordem de transcrição das respostas, assim como o número máximo de páginas destinadas à redação da peça profissional e das questões discursivas, receberá nota 0 (zero), sendo vedado qualquer tipo de rasura e/ou adulteração na identificação das páginas, sob pena de eliminação sumária do examinando do Exame.

3.5.8. Quando da realização das provas prático-profissionais, caso a peça profissional e/ou as respostas das questões discursivas exijam assinatura, o examinando deverá utilizar apenas a palavra "ADVOGADO...". Ao texto que contenha outra assinatura, será atribuída nota 0 (zero), por se tratar de identificação do examinando em local indevido.

3.5.9. Na elaboração dos textos da peça profissional e das respostas às questões discursivas, o examinando deverá incluir todos os dados que se façam necessários, sem, contudo, produzir qualquer identificação ou informações além daquelas fornecidas e permitidas nos enunciados contidos no caderno de prova. Assim, o examinando deverá escrever o nome do dado seguido de reticências ou de "XXX" (exemplo: "Município...", "Data...", "Advogado...", "OAB...", "MunicípioXXX", "DataXXX", "AdvogadoXXX", "OABXXX" etc.). A omissão de dados que forem legalmente exigidos ou necessários para a correta solução do problema proposto acarretará em descontos na pontuação atribuída ao examinando nesta fase.

3.5.10. Para realização da prova prático-profissional o examinando deverá ter conhecimento das regras processuais inerentes ao fazimento da mesma.

3.5.11. O texto da peça profissional e as respostas às questões discursivas serão avaliados quanto à adequação ao problema apresentado, ao domínio do raciocínio jurídico, à fundamentação e sua consistência, à capacidade de interpretação e exposição e à técnica profissional demonstrada, sendo que a mera transcrição de dispositivos legais, desprovida do raciocínio jurídico, não ensejará pontuação.

3.5.12. As questões da prova prático-profissional poderão ser formuladas de modo que, necessariamente, a resposta reflita a jurisprudência pacificada dos Tribunais Superiores.

3.5.13. O examinando, ao término da realização da prova prático-profissional, deverá, obrigatoriamente, devolver o caderno de textos definitivos, assinado no local indicado (capa do caderno), sem qualquer termo, contudo, que identifique as folhas em que foram transcritos os textos definitivos.

3.5.14. A não devolução pelo examinando do caderno de textos definitivos, devidamente assinado, ao fiscal, conforme item 3.5.3 (acima transcrito), acarretará em eliminação sumária do examinando do Exame.

Além disso, deve o examinando ficar atento para os seguintes materiais e os procedimentos permitidos para consulta na prova prático-profissional[5]:

MATERIAL/PROCEDIMENTOS PERMITIDOS

- Legislação não comentada, não anotada e não comparada.
- Códigos, inclusive os organizados que não possuam índices estruturando roteiros de peças processuais, remissão doutrinária, jurisprudência, informativos dos tribunais ou quaisquer comentários, anotações ou comparações.
- Súmulas, Enunciados e Orientações Jurisprudenciais, inclusive organizados, desde que não estruturem roteiros de peças processuais.
- Leis de Introdução dos Códigos.
- Instruções Normativas.

[5] Informações extraídas do edital do XXVII Exame de Ordem Unificado disponível em https://dpmzos25m8ivg.cloudfront.net/630/677082_Edital%20de%20Abertura%202018.3%20(XXVII%20EOU).pdf. Acesso em 12/10/2018.

- Índices remissivos, em ordem alfabética ou temáticos, desde que não estruturem roteiros de peças processuais.
- Exposição de Motivos.
- Regimento Interno.
- Resoluções dos Tribunais.
- Simples utilização de marca texto, traço ou simples remissão a artigos ou a lei.
- Separação de códigos por clipes.
- Utilização de separadores de códigos fabricados por editoras ou outras instituições ligadas ao mercado gráfico, desde que com impressão que contenha simples remissão a ramos do Direito ou a leis.

Observação: As remissões a artigo ou lei são permitidas apenas para referenciar assuntos isolados. Quando for verificado pelo fiscal advogado que o examinando se utilizou de tal expediente com o intuito de burlar as regras de consulta previstas neste edital, formulando palavras, textos ou quaisquer outros métodos que articulem a estrutura de uma peça jurídica, o uso do material será impedido, sem prejuízo das demais sanções cabíveis ao examinando.

MATERIAL/PROCEDIMENTOS PROIBIDOS

× Códigos comentados, anotados, comparados ou com organização de índices estruturando roteiros de peças processuais.

× Jurisprudências.

× Anotações pessoais ou transcrições.

× Cópias reprográficas (xerox).

× Utilização de marca texto, traços, símbolos, post-its ou remissões a artigos ou a lei de forma a estruturar roteiros de peças processuais e/ou anotações pessoais.

× Utilização de notas adesivas manuscritas, em branco ou impressas pelo próprio examinando.

× Utilização de separadores de códigos fabricados por editoras ou outras instituições ligadas ao mercado gráfico em branco.

× Impressos da Internet.

× Informativos de Tribunais.

× Livros de Doutrina, revistas, apostilas, calendários e anotações.

× Dicionários ou qualquer outro material de consulta.

× Legislação comentada, anotada ou comparada.

× Súmulas, Enunciados e Orientações Jurisprudenciais comentados, anotados ou comparados.

Quando possível, a critério do fiscal advogado e dos representantes da Seccional da OAB presentes no local, poderá haver o isolamento dos conteúdos proibidos, seja por grampo, fita adesiva, destacamento ou qualquer outro meio. Caso, contudo, seja constatado que a obra possui trechos proibidos de forma aleatória ou partes tais que inviabilizem o procedimento de isolamento retromencionado, o examinando poderá ter seu material recolhido pela fiscalização, sendo impedido seu uso.

Os materiais que possuírem conteúdo proibido não poderão ser utilizados durante a prova prático-profissional, sendo garantida ao fiscal advogado a autonomia de requisitar os materiais de consulta para nova vistoria minuciosa durante todo o tempo de realização do Exame.

O examinando que, durante a aplicação das provas, estiver portando e/ou utilizando material proibido, ou se utilizar de qualquer expediente que vise burlar as regras deste edital, especialmente as concernentes aos materiais de consulta, terá suas provas anuladas e será automaticamente eliminado do Exame.

Por fim, deve o examinando ficar atento à instruções que constam no caderno de prova.

2

Dos Modelos das Peças Prático Profissionais

Tenho observado, em meus alunos, certo estarrecimento diante de tantos modelos por eles encontrados na internet ou em livros de prática forense.

Todos esses modelos se diferenciam uns dos outros sob vários aspectos. Para explicar tecnicamente a existência de todos esses diferentes modelos, decidi incluir este capítulo, como o capítulo inicial desta obra.

Como esses modelos são expressões formais de atos jurídicos processuais praticados, em regra, pelos profissionais do direito, devemos nos lembrar de como os atos jurídicos podem ser praticados, especialmente os atos jurídicos processuais.

2.1 DA FORMA DOS ATOS JURÍDICOS

De um modo geral, os atos jurídicos, como expressão da manifestação de vontade das partes nele envolvidas, destinada a criar consequências no mundo jurídico, podem ser praticados de forma livre, sem que haja a observância de requisitos previamente impostos por lei, conforme preceitua o art. 107, do CC: "A validade da declaração de vontade não dependerá de forma especial, senão quando a lei expressamente a exigir".

Comentando o art. 107, do CC, ensina Sílvio Rodrigues[1] que "a regra geral, é a da liberdade de forma, a qual só não vige quando a lei expressamente demandar forma especial".

[1] RODRIGUES, Silvio. Direito Civil. São Paulo: Saraiva, 2003. v. 1. p. 264.

Portanto, de um modo geral, os atos jurídicos podem ser praticados de qualquer forma, desde que aceita pelo direito e convencionada pelas partes.

A exceção a essa regra ocorre quando a lei impõe determinada forma, indicando quais são os requisitos a serem observados na prática do ato jurídico e que, se nele não estiverem presentes, o tornarão nulo, nos termos do art. 166, IV, do CC. Um ótimo exemplo de ato formal é o da escritura pública, que só terá validade se observado os requisitos legais previstos no § 1º, do art. 215, do CC.

Porém, para o nosso estudo, os melhores exemplos são os de dois atos muito comuns no dia a dia do comércio: a emissão de notas promissórias e de cheques.

A nota promissória é o título de crédito que contém uma promessa de pagamento para o futuro de quantia determinada. Já o cheque é um título de crédito que contém uma ordem de pagamento à vista. Portanto, em ambos os títulos, desde que devidamente preenchidos, temos a prática de um ato jurídico perfeito e acabado.

O nosso único interesse na utilização desses dois títulos de crédito é específico: demonstrar a diferença entre ato jurídico formal de modelo livre e ato jurídico formal de modelo vinculado, cuja diferença será de grande valia para o estudo da forma de elaboração das peças profissionais.

Iniciemos, então, pela nota promissória.

Para a elaboração de uma nota promissória a lei exige o respeito aos seguintes requisitos:

1. A denominação "nota promissória" inserta no próprio texto do título e expressa na língua empregada para a redação desse título;
2. A promessa pura e simples de pagar uma quantia determinada;
3. A época do pagamento;
4. A indicação do lugar em que se efetuar o pagamento;
5. O nome da pessoa a quem ou à ordem de quem deve ser paga;
6. A indicação da data em que e do lugar onde a nota promissória é passada;

7. A assinatura de quem passa a nota promissória (subscritor) e, finalmente,
8. Deve constar, juntamente com a assinatura do subscritor, o número de um documento de identificação tal como CPF, RG, título de eleitor ou CTPS.

Os sete primeiros requisitos são exigidos pelo art. 75 do Decreto n. 57.663/66 e o oitavo pelo art. 3º, da Lei n. 6.268/75.

Juridicamente, então, basta que uma pessoa pegue um pedaço de papel - qualquer pedaço de papel - preencha-o com observância dos requisitos acima e aí está uma nota promissória prefeita e acabada, que um montão de gente corre pra comprá-la, sem um pingo de necessidade, nas papelarias.

Vamos fazer uma então!

Veja como se faz com base nos requisitos acima elencados:

> Por esta nota promissória (requisito 1), pagarei a quantia de P$ 1.000,00 (mil pesetas) (requisito 2), no dia 31 de dezembro de 2020 (requisito 3), na minha residência, situada na rua sobe-desce, s/n, AP 100, Centro, Bagunçar - RJ (requisito 4), ao Sr. Pedro Henrique Silva (requisito 5).
>
> Macapá, 12 de novembro de 2015 (requisito 6).
>
> *Luis Claudio Pereira da Silva* (requisito 7)
>
> CPF - 000.000.000-00 (requisito 8)

Agora, vamos tirar as indicações dos requisitos para ver como ficou:

> Pagarei a quantia de P$ 1.000,00 (mil pesetas), por esta nota promissória, no dia 31 de dezembro de 2020, na minha residência, situada na rua sobe-desce, s/n, AP 100, Centro, Bagunçar - RJ, ao Sr. Pedro Henrique Silva.
>
> Macapá, 12 de novembro de 2015.
>
> *Luis Claudio Pereira da Silva*
>
> CPF - 000.000.000-00

Ou seja, para a prática do ato indicado, só foi necessária a observância dos requisitos exigidos pela lei. E está tudo aí: pronto, acabado e perfeito! E o que é mais interessante, não precisa nem de título sobre os dados impostos pelos requisitos acima explanados, como as que são vendidas nas papelarias.

Mas a alteração da sequência prevista em lei torna nulo o documento? Em outras palavras, podemos mudar a configuração desse documento internamente, ou seja, podemos alterar a sequência de seus dados no documento, ou modificar sua estrutura física, sem que isso cause a nulidade do título de crédito? Sim, é isso mesmo, podemos!

Vejamos algumas alterações interessantes:

1º) Na sequência dos requisitos:

> No dia 31 de dezembro de 2020, pagarei a quantia de P$ 1.000,00 (mil pesetas), ao Sr. Pedro Henrique Silva, por esta nota promissória, na minha residência, situada na rua sobe-desce, s/n, AP 100, Centro, Macapá – AP.
>
> Macapá, 12 de novembro de 2015.
>
> *Luis Claudio Pereira da Silva*
>
> CPF – 000.000.000-00

2º) Na estrutura dos requisitos:

> Pagarei a quantia de P$ 1.000,00 (mil pesetas), por esta nota promissória, no dia 31 de dezembro de 2020, na minha residência, situada na rua sobe-desce, s/n, AP 100, Centro, Bagunçar – RJ, ao Sr. Pedro Henrique Silva. Macapá, 12 de novembro de 2015. *Luis Claudio Pereira da Silva*. CPF – 000.000.000-00.

E agora, esses outros modelos são válidos? É lógico que sim! E por quê? Simples, é que no caso das notas promissórias, a legislação somente impõe os requisitos, logo, os modelos podem ser livremente criados pelas partes mantendo-se o ato jurídico perfeitamente válido desde que observem seus requisitos. Por isso, acima denominamos esse ato jurídico de **ato jurídico formal de modelo livre**.

Há, contudo, atos jurídicos que a lei, além de impor os seus requisitos, impõe também a sua forma. O melhor exemplo dessa espécie de ato jurídico e talvez o que seja mais conhecido de todos é o cheque.

Todo banco pode emitir talões de cheque, se solicitado por seu cliente, desde este atenda às exigências contratuais dos bancos.

E aí nos deparamos com a seguinte curiosidade: você já reparou que as folhas de cheque de qualquer banco são iguais? Repare que, se você retirar o design, todas são iguais. E por que isso ocorre? Isso ocorre porque a lei do cheque, Lei n. 7.357/85, além de ter previsto os requisitos do cheque em seu art. 1º, dispõe que compete ao Conselho Monetário Nacional regulamentar o uso do cheque.

Assim é que o Conselho Monetário Nacional, no uso de suas atribuições legais, regulamentou o modelo padrão do cheque, modelo este que é imposto aos bancos por meio da resolução n. 885 do Banco Central do Brasil e deverá ser observado por todos os bancos e, consequentemente, por todos aqueles que quiserem emitir uma folha de cheque.

Desse modo, para que alguém possa emitir uma folha de cheque deverá fazê-lo não só com a observância dos seus requisitos previstos em lei, mas especialmente observando o modelo padrão.

Por conseguinte, denominamos a prática desse ato jurídico, que a lei impõe seja praticado de acordo com o modelo específico, de **ato jurídico formal de modelo vinculado**.

Após termos feito essa breve explanação sobre a forma dos atos jurídicos em geral, passemos a examinar a forma dos atos jurídicos quando praticado no processo.

2.2 DA FORMA DOS ATOS JURÍDICOS PROCESSUAIS

Do mesmo modo como ocorre com os atos jurídicos em geral, os atos jurídicos processuais não dependem, em princípio, de forma. Logo, de qualquer modo que seja praticado pela parte e atinja seu objetivo, está perfeito e pronto para gerar efeitos no processo.

Nesse sentido dispõe o art. 188, do CPC, que: "Os atos e os termos processuais independem de forma determinada, salvo quando a lei expressamente a exigir, considerando-se válidos os que, realizados de outro modo, lhe preencham a finalidade essencial.".

Contudo, há algumas exceções a essa regra.

A primeira delas está no próprio art. 188, do CPC, que, como acima transcrito, impõe respeito à forma expressamente exigida por lei.

A segunda delas diz respeito à prática de atos processuais por meio eletrônico, que, atualmente, podem ser regulamentados pelo Conselho Nacional de Justiça – CNJ e supletivamente pelos tribunais. Nesse sentido, dispõe o art. 196, do CPC que:

> Compete ao Conselho Nacional de Justiça e, supletivamente, aos tribunais, regulamentar a prática e a comunicação oficial de atos processuais por meio eletrônico e velar pela compatibilidade dos sistemas, disciplinando a incorporação progressiva de novos avanços tecnológicos e editando, para esse fim, os atos que forem necessários, respeitadas as normas fundamentais deste Código.

Quando o citado art. 196, do CPC, dispõe que podem os tribunais disciplinar supletivamente a prática dos atos processuais eletrônicos, significa dizer indsiretamente que estes podem fazer algumas outras exigências não previstas em lei e na normatização do CNJ para que o ato processual possa ser praticado eletronicamente. Logo, podem regular, inclusive, o modo como deverão ser feitos.

Feita essa apresentação inicial, passemos à análise da forma de elaboração das principais peças profissionais cobradas nos exames de ordem.

Como demonstramos anteriormente, o exame de ordem tem exigido repetidamente apenas quatro peças profissionais trabalhistas: a reclamação trabalhista, a ação de consignação em pagamento, a contestação e o recurso ordinário.

Abaixo, nos capítulos em que abordamos cada uma dessas peças profissionais, veremos os seus respectivos requisitos exigidos por lei. Contudo, em nenhuma delas há modelo vinculado imposto pela lei. Daí, chegamos à seguinte conclusão: não há, examinando, modelo padrão a ser seguido para a elaboração das peças profissionais trabalhista nos exames de ordem e, para completar, pelo que conhecemos, não há modelo padrão para nenhuma espécie de peça profissional.

O que tem de ser observado por você, examinando, são os requisitos impostos por lei para a elaboração de cada uma das peças profissionais.

Logo, os modelos que vocês estão acostumados a verificar na internet e nos livros de prática forense são criação dos próprios autores. Com o tempo, você mesmo poderá criar o seu, já que a elaboração de peça profissional ocorre de acordo com o estilo de cada um.

2.3 DOS PRINCIPAIS MODELOS DE PEÇAS PRÁTICO PROFISSIONAIS TRABALHISTA PARA O EXAME DE ORDEM

De um modo geral, os autores de prática forense têm seguido um dos seguintes modelos[2]:

Modelo 1 – o autor de prática forense elabora sua petição com economia de linhas e espaços, não faz uso de títulos, não pula linhas e condensa em parágrafos relativamente curtos todos os elementos necessários para a resolução do exercício apresentado no exame de ordem.

Modelo 2 – o autor de prática forense divide suas peças nas seguintes partes: uma parte que intitula normalmente DOS FATOS, na qual insere os fatos propriamente ditos e o fundamento jurídico do pedido, e outra denominada DO DIREITO, no qual faz alusão às normas jurídicas e ao entendimento jurisprudencial aplicável à solução do caso apresentado.

Modelo 3 – o autor de prática forense elabora uma breve apresentação dos elementos constantes do exercício do exame de ordem, por meio de uma síntese dos fatos. Após, o autor volta a falar dos fatos, com a abertura de um título sobre os fatos e, depois, abre outro título para falar do direito, ou seja, pode-se dizer que se diferencia do modelo 2 pela inserção de uma síntese dos fatos.

Modelo 4 – o autor de prática forense elabora uma breve apresentação dos elementos constantes do exercício do exame de ordem, por meio de uma síntese dos fatos. Em seguida, o autor elabora a peça profissional por meio de títulos e parágrafos de acordo com os temas abordados no exercício do exame de ordem. Portanto, para cada temática um título e tantos parágrafos quantos forem necessários para encerrar o assunto.

---

2 Como os modelos são livres, muitos e muitos modelos diferentes surgem diariamente e, por óbvio, não serão indicados. Os relacionados são os mais utilizados pelos autores de prática profissional trabalhista para o exame de ordem.

Esse é o modelo que mais se adéqua aos padrões de resposta dos exames de ordem emitidos pela FGV.

Além desses quarto modelos apresentados e que são normalmente os mais utilizados pelos professores de prática para o exame de ordem, existem muitos outros, variando de autor para autor.

Nos capítulos seguintes, nos quais abordaremos cada uma das principais peças profissionais cobradas no exame de ordem, trabalharemos esses modelos.

3

Reclamação Trabalhista

A reclamação trabalhista é a principal peça processual utilizada no âmbito da Justiça do Trabalho, apesar de não ser a mais cobrada nas provas de exame de ordem na área trabalhista.

Reclamação trabalhista é a denominação utilizada pelo legislador, pela doutrina e pela jurisprudência para designar a petição inicial por meio da qual o empregado postula direitos trabalhistas em face de seu, em regra, ex-empregador, na Justiça do Trabalho.

Na CLT podemos encontrar essa denominação nos arts. 625-D, § 3º e 793; na doutrina, todos os autores a utilizam; e na jurisprudência, podemos citar, apenas a título de ilustração, a súmula n. 406, do TST e a súmula 460, do STF.

Apesar da consagração dessa denominação, há doutrinadores, entretanto, que se utilizam apenas da denominação reclamação. Para citar um deles, vale transcrever trecho de uma peça prático-profissional extraído da obra de Malta (2008, p. 147):

> Antonio Xarier Costa, brasileiro, casado, filho de (nome da mãe), nascido em (data), administrador, portador da Carteira de Trabalho e Previdência Social n. ... série ... CPF ... PIS ... residente e domiciliado na Rua ..... n. ... CEP ...., vem, por seu advogado infra-assinado, ajuizar a seguinte **reclamação** em face de Marcus Moura Veículos S.A., sediada na Rua ...., n. ...., CEP ... CNPJ [grifo nosso].

Na verdade, a expressão reclamação sempre foi muito mais utilizada pelo legislador do que a expressão reclamação trabalhista, como consta das seguintes passagens da CLT: arts. 36; 37; 137; 165; 455; 461; 651,

§ 3º; 653, parágrafo único; 731; 785; 786; 787; 788; 837; 838; 839; 840, *caput* e §§ 1º e 2º; 841; 844; 847; 851; 852-A; 852-B, III e § 1º; 853; 872, parágrafo único e 883.

A jurisprudência também adota corriqueiramente essa terminologia – reclamação – como pode ser verificado nas seguintes súmulas: 227, do STF, e 6; 7; 19; 127; 308 e 337, do TST.

Assim, no confronto entre esses dois vocábulos, tem-se que o termo reclamação é o termo consagrado pelo legislador e sempre foi muito mais utilizado na legislação do que reclamação trabalhista. Todavia, a praxe consagrou essa última expressão fazendo com que esteja presente, em quase todos os modelos de petição inicial endereçados à Justiça do Trabalho, o que também ocorre nas petições iniciais reais do dia a dia.

Por isso, utilizaremos apenas o termo reclamação trabalhista.

Outrossim, não obstante ser utilizada como a principal peça processual de ingresso pelo empregado, ou seja, a principal pela processual por meio da qual o empregado pleiteia direitos trabalhistas que entende tenham sido desrespeitados por seu empregador ou ex-empregador, poderá ser utilizada também pelo empregador em face do empregado, em casos em que entenda o empregador ter algum direito relacionado ao contrato de trabalho a ser pleiteado em face do empregado, conforme preceitua o art. 839, da CLT.

Feitas essas considerações iniciais, analisemos a forma como a reclamação trabalhista deve ser elaborada.

Quando pensamos na elaboração de uma petição inicial, já que a reclamação trabalhista nada mais é do que a principal petição inicial endereçada à Justiça do Trabalho, vem logo à mente a necessidade de se observar os requisitos previstos para a elaboração de quase toda e qualquer petição inicial cível, que se encontram previstos no art. 319, do CPC.

Ocorre, no entanto, que a solução não é tão simples assim: há grande celeuma doutrinária e jurisprudencial sobre os requisitos a serem observados na elaboração da reclamação trabalhista.

Isso se dá por que, nessa situação, existem duas normas que são costumeiramente invocadas pela doutrina e jurisprudência: o art. 840, § 1º da CLT e o art. 319, do CPC.

Assim é que, segundo o art. 840, § 1º, da CLT, são requisitos da reclamação trabalhista:

1º) A designação do juízo.

2º) A qualificação das partes.

3º) Uma breve exposição dos fatos de que resulte o dissídio.

4º) O pedido, que deverá ser certo, determinado e com indicação de seu valor.

5º) A data e a assinatura do Reclamante ou de seu representante.

Já o art. 319, do CPC, que relaciona os requisitos gerais aplicáveis a quase todas as espécies de petição inicial cível, menciona que a petição inicial deve conter:

1º) o juízo a que é dirigida;

2º) os nomes, os prenomes, o estado civil, a existência de união estável, a profissão, o número de inscrição no Cadastro de Pessoas Físicas ou no Cadastro Nacional da Pessoa Jurídica, o endereço eletrônico, o domicílio e a residência do autor e do réu;

3º) o fato e os fundamentos jurídicos do pedido;

4º) o pedido, com suas especificações;

5º) o valor da causa;

6º) as provas com que o autor pretende demonstrar a verdade dos fatos alegados e

7º) a opção do autor pela realização ou não de audiência de conciliação ou de mediação.

Pelo confronto dessas normas, verifica-se que o art. 319 do CPC é bem mais formalista do que o preceito constante do art. 840, § 1º, da CLT, advindo desse confronto a seguinte indagação: qual delas aplicar?

A resposta a essa pergunta, por incrível que pareça, não é nada fácil, podendo-se verificar na doutrina e na jurisprudência alguns entendimentos divergentes, que podem ser resumidos nos seguintes termos:

Em primeiro lugar, há doutrinadores que entendem que a norma aplicável é simplesmente a do § 1º, do art. 840, da CLT, tendo em vista que a CLT, nesse caso, não é omissa; logo, não se poderia, para essa corrente, dar margem à aplicabilidade do art. 319 do CPC com base no que preceituam textualmente os arts. 15, do CPC e 769, da CLT, não sendo sequer necessária a inclusão do valor da causa. Essa corrente doutrinária, até 2017, estava totalmente desprestigiada. Contudo, com a modificação do § 1º, do art. 840, da CLT, pela Lei n. 13.467/2017, que reforçou a exigência apenas dos requisitos acima transcritos, deverá ser retomada com força total na prática do dia a dia.[1]

Há uma segunda corrente que, além dos requisitos previstos no art. 840, § 1º, da CLT, advoga a obrigatoriedade de inclusão do valor da causa.[2]

Há, contudo, uma terceira corrente, esmagadoramente majoritária, que pretende conciliar os requisitos previstos nas duas normas, ou seja, aplicar-se-iam os requisitos do art. 319, do CPC, que não foram elencados pelo § 1º, do art. 840, da CLT, valendo mencionar, por todos, Cardone (2007, p. 10):

> A forma da petição inicial é a de um simples requerimento, contendo, pois, as seguintes partes: 1. Dedicatória; 2. Epígrafe; 3. Preâmbulo; 4.

---

1 "No processo do trabalho, o valor atribuída à causa pela parte tem como finalidade garantir o duplo grau de jurisdição (art. 2º, § 3º, da Lei n. 5.554/70) e determina o rito a ser observado (art. 852-A, da CLT), não sendo pertinente a aplicação subsidiária do Código de Processo Civil a respeito. *A ausência do valor da causa não enseja a nulidade do processo nem a inépcia da inicial, podendo, inclusive, ser fixado de ofício pelo juiz,* quando a parte não o fizer em sua petição inicial. Também existe a possibilidade de o juiz refixar o valor atribuído à causa quando entender que o apontamento feito pela parte não corresponde ao benefício econômico vislumbrado pela ação" (DIAS, Carlos Eduardo Oliveira. *Teoria e Prática da Sentença Trabalhista.* 4 ed. São Paulo: LTr, 2012. p. 149).

2 "Em decorrência, sobretudo, do *jus postulandi*, a petição inicial, seja ela verbal ou escrita, no processo trabalhista não se cerca do rigorismo formal instituído no processo civil, estabelecendo o art. 840 da Consolidação das Leis do Trabalho os seus requisitos essenciais, ..." e prossegue: "O art. 840 da CLT é absolutamente omisso quanto ao valor da causa. Todavia, dada sua importância em razão da instituição dos ritos *sumário* (Lei n. 5.584/70) e *sumaríssimo* (Lei n. 9.957/00) no processo trabalhista, conveniente a aplicação subsidiária dos art. 282, V, do CPC, muito embora possa o juiz, na omissão do autor, fixá-la" (ALMEIDA, Amador Paes de. *Curso prático de processo do trabalho.* São Paulo: Saraiva, 2008. p. 178 e179).

> Corpo; 5. Conclusão; 6. Cláusulas salutares, e 7. Encerramento (**CLT, art. 840, § 1º; CPC, art. 282**[3]) [grifo nosso].

Esse entendimento está consagrado, inclusive, em instrumento normativo do Tribunal Regional do Trabalho da 8ª Região, dispondo o art. 73, do Provimento n. 02/02, da Corregedoria Regional do TRT da 8ª Região, que:

> Os Juízes de 1º Grau de jurisdição da Justiça do Trabalho da Oitava Região deverão observar os procedimentos relativos aos requisitos legais da petição inicial (**art. 840, § 1º, da CLT; e art. 282, do CPC**), inclusive nas reclamações individuais plúrimas e naquelas em que a entidade sindical funcione na condição de substituto processual [grifo nosso].

Por fim, na doutrina, é possível ver algumas poucas vozes a favor da aplicação dos requisitos previstos exclusivamente no art. 319 do CPC, formando-se, assim, a quarta corrente sobre os requisitos da Reclamação Trabalhista. É, em suma, o entendimento de Daidone (2012, p. 161):

> A petição inicial, qualquer que seja a sua modalidade, para dar início ao desenvolvimento do processo, antes de tudo deve ser clara, precisa e concisa, além de preencher todos os requisitos técnicos ditados pelos arts. 282 e 283, do CPC[4].

Daí indagar-se: qual o posicionamento que o examinando deve adotar para elaborar a reclamação trabalhista no exame de ordem?

Como o posicionamento da OAB é formalista, exigindo-se, inclusive, a menção ao fundamento legal por meio do qual o examinando deve construir seu raciocínio jurídico além de outros que temos "pescado" pela análise dos padrões de respostas divulgados pela FGV, aconselhamos que o examinando elabore a peça prático-profissional aqui em estudo do modo mais formal possível, utilizando-se, assim, todos os requisitos do art. 319, do CPC, que sejam aplicáveis ao processo do trabalho, bem como aquele específicos do § 1º, do art. 840, da CLT e outros que verificamos

---

3 Vale citar que o art. 282 do CPC/73 corresponde em matéria ao art. 319 do atual CPC. Portanto, inúmeras vezes o art. 282 será citado nas obras mais antigas e devemos considerá-lo como equivalente ao art. 319, do atual CPC.

4 No atual CPC, os artigos 282 e 283 equivalem aos artigos 319 e 320.

nos padrões de resposta da provas de exame de ordem anteriormente aplicadas. Será esse o posicionamento que adotaremos nesta obra.

Passemos, então, a análise de cada um desses requisitos.

3.1 REQUISITOS DA PETIÇÃO DA RECLAMAÇÃO TRABALHISTA PARA O EXAME DE ORDEM

No item anterior, foi dito que a corrente adotada neste livro será a mais formal; a que impõe seja a reclamação trabalhista elaborada com base no art. 319, do CPC e § 1º, do art. 840, da CLT e outros que temos visto avaliados nos padrões de respostas das provas anteriores do exame de ordem.

Assim, para que o acadêmico possa bem compreender todos os requisitos exigidos para elaboração da reclamação trabalhista, o nosso estudo será dividido em 08 partes: endereçamento; apresentação; comissão de conciliação prévia - CCP; causa de pedir; pedido; requerimentos de caráter processual; valor da causa e encerramento.

Portanto, analisaremos, no **endereçamento**, a técnica a ser observada na elaboração do encaminhamento da petição ao juízo competente; na **apresentação**, os dados necessários à correta qualificação das partes, os dados que deverão constar sobre o advogado do reclamante, a denominação dada à peça processual, seu fundamento legal e o procedimento a ser adotado; na **CCP**, as referências à comissão de conciliação prévia em caso de necessidade; na **causa de pedir**, os fatos, o fundamento jurídico do pedido e o fundamento legal; no pedido, a tutela jurisdicional almejada; nos **requerimentos de caráter processual**, as questões relativas à citação; às provas; à gratuidade de justiça; às custas processuais; aos juros e correção monetária e aos honorários advocatícios; no **valor da causa**, a atribuição do valor a ser dado à reclamação trabalhista e, finalmente, no **encerramento**, as questões relativas ao pedido de deferimento da petição inicial, à data e à assinatura da parte ou de seu advogado.

3.1.1 Endereçamento:

Por endereçamento deve-se entender o requisito da reclamação trabalhista no qual se faz a designação do órgão julgador a que é dirigida.

É a especificação daqueles requisitos que se encontram previstos nos arts. 840, § 1º, da CLT e 319, I, do CPC.

Relembrando: segundo o § 1º, do art. 840, da CLT, deverá a reclamação conter "designação do juízo" e segundo o art. 319, I, do CPC, a petição inicial deverá indicar "o juízo a que é dirigida".

Inicialmente, há de se referir a algumas questões que se extraem do texto do § 1º, do art. 840, da CLT e do inciso I, do art. 319, do CPC.

A primeira dela é a de saber o que significa juízo.

Câmara[5], quando ainda estava em vigor o CPC de 1973, que, no inciso I, do art. 282, utilizava a expressão juiz em vez de juízo, mencionava que o mencionado inciso I do art. 282, do CPC de 1973 tinha a seguinte impropriedade:

O Código comete, neste dispositivo, uma impropriedade de redação que decorre de uma praxe forense. Confunde-se, no texto da norma, o *juízo* (ou seja, o órgão jurisdicional) com a pessoa natural do juiz. A petição inicial, em verdade, não é dirigida a nenhum juiz, mas sim a um juízo.

Nesse mesmo sentido, segundo Donizetti (2016, cap. 4, item 7.1), ao se referir em sua obra ao distribuidor, ensina que juízo é igual a órgão julgador, mencionado que "o distribuidor [...] receberá e distribuirá o processo para aquele juízo (órgão jurisdicional, que pode ser vara, tribunal ou juizado)".

Então, qual é o órgão julgador de uma reclamação trabalhista na Justiça do Trabalho? Bem, vamos a seu histórico:

Até 2000, os órgãos julgadores de primeira instância da Justiça do Trabalho eram órgãos colegiados, denominados de Juntas de Conciliação e Julgamento, formados por um representante do Estado, que era um juiz togado da carreira da magistratura trabalhista e que era também o Presidente da Junta, e por representantes dos sindicatos, que eram os juízes classistas, indicados pelas representações sindicais.

Essa composição, que prestigiava a atuação desses atores sociais no funcionamento da Justiça do Trabalho, perdeu força política e interesse

---

5 CAMARA, Alexandre Freitas. *Lições de Direito Processual Civil*. 14 ed. Rio de Janeiro: Lumen Juris, 2008. v. 1, p. 306.

prático e foi desfeita pela Emenda Constitucional nº. 24, de 09 de dezembro de 1999 e as antigas juntas de conciliação e julgamento foram transformadas em varas do trabalho. Logo, o juízo que deverá julgar uma reclamação trabalhista será uma vara do trabalho.

Mas eu posso endereçar uma petição exclusivamente para uma vara do trabalho, já que os arts. 840, § 1º, da CLT e 319, I, do CPC, dispõem que basta eu indicar o juízo a que a petição inicial deverá ser dirigida?

Em princípio sim, para a OAB não! Vamos explicar.

Se eu endereçar uma petição exclusivamente para uma vara do trabalho esse endereçamento atualmente pode ser considerado equivocado? Não! E como ficaria, então? Ficaria assim, por exemplo, se eu tivesse de endereçar um reclamação trabalhista para a vara do trabalho de São Vicente:

À Vara do Trabalho de São Vicente.

Ou

À VARA DO TRABALHO DE SÃO VICENTE.

O que há de errado com esse endereçamento, uma vez que se adequaria ao comando dos arts. 840, § 1º, da CLT e 319, I, do CPC?

É que não podemos nos esquecer que toda petição é uma forma de correspondência entre o interessado e a autoridade julgadora que exerce o ofício de julgar investido em um órgão do Poder Judiciário, que é uma regra básica de redação.

Ora, a petição, como outro documento qualquer, deve seguir as regras da língua portuguesa e não existe na língua portuguesa endereçamento impessoal, sem vocativo, no qual se deve utilizar o pronome de tratamento adequado.

E qual é então a autoridade julgadora para a qual deve ser endereçada a reclamação trabalhista?

É o juiz do trabalho, que poderá ser tanto o juiz do trabalho titular ou o juiz do trabalho substituto. Por isso, inclusive, segundo a resolução n. 104, se 2012, do CSJT, "Os vocábulos de tratamento dos magistrados de 1ª e 2ª instância no âmbito da Justiça do Trabalho são uniformizados em 'Juiz do Trabalho Substituto', 'Juiz Titular da Vara do Trabalho' e 'Desembargador do Trabalho'".

Contudo, esses vocábulos de tratamento não são aconselháveis para o exame de ordem, por que não há indicação no exercício de exame de ordem se o endereçamento deverá ser feito para o juiz do trabalho titular ou substituto. Abaixo examinaremos as hipóteses de endereçamentos que vocês, examinandos e examinandas, deverão observar.

Desse modo, a autoridade julgadora na vara do trabalho é o juiz do trabalho, expressão essa utilizada pelo art. 111, III, da CRFB/88.

Porém, agora que já sabemos qual é o juízo competente – vara do trabalho – e a autoridade julgadora – juiz do trabalho – outra questão se impõe: ao juiz de qual vara do trabalho deverá a reclamação trabalhista ser endereçada, já que há, no País, inúmeras varas do trabalho instaladas?

Ingressamos, aqui, no âmbito da competência territorial das varas do trabalho espalhadas pelo país.

A regra sobre competência territorial encontra-se consagrada no *caput* do art. 651, da CLT, que assim dispõe:

> A competência das Juntas de Conciliação e Julgamento é determinada pela localidade onde o empregado, reclamante ou reclamado, prestar serviços ao empregador, ainda que tenha sido contratado noutro local ou no estrangeiro.

Vale ressaltar, ainda, que os parágrafos do mencionado art. 651, consagram exceções a essa regra, dispondo que:

> § 1º Quando for parte no dissídio agente ou viajante comercial, a competência será da Junta da localidade em que a empresa tenha agência ou filial e a esta o empregado esteja subordinado e, na falta, será competente a Junta da localização em que o empregado tenha domicílio ou a localidade mais próxima.
>
> § 2º A competência das Juntas de Conciliação e Julgamento, estabelecida neste artigo, estende-se aos dissídios ocorridos em agência ou filial no estrangeiro, desde que o empregado seja brasileiro e não haja convenção internacional dispondo em contrário.
>
> § 3º Em se tratando de empregador que promova realização de atividades fora do lugar do contrato de trabalho, é assegurado ao empregado apresentar reclamação no foro da celebração do contrato ou no da prestação dos respectivos serviços.

Assim é que, como regra, por exemplo, se o empregado foi contratado no Rio de Janeiro para prestar serviços em Belém, no Estado do Pará, deverá apresentar sua reclamação trabalhista a vara do trabalho em Belém do Pará.

Logo, o endereçamento deve ser encaminhado, como regra, ao juiz do trabalho da vara do trabalho da localidade onde o empregado prestou serviços ao seu empregador, salvo, é óbvio, se o exercício do exame de ordem trabalhar com alguma das exceções do art. 651, da CLT.

Questão mais complexa se refere à possibilidade de julgamento de uma causa trabalhista por um juiz de direito. Ou seja, por um juiz estadual.

Segundo os arts. 112 e 113, da CF/88, "a lei criará varas da Justiça do Trabalho, podendo, nas comarcas não abrangidas por sua jurisdição, atribuí-la aos juízes de direito, com recurso para o respectivo Tribunal Regional do Trabalho" e "a lei disporá sobre a constituição, investidura, jurisdição, competência, garantias e condições de exercício dos órgãos da Justiça do Trabalho".

Tendo em vista que a Justiça do Trabalho é uma justiça especializada, custeada pelos cofres da União, somente por força de lei federal poderá haver a criação de varas do trabalho, ficando, ainda, essa lei federal responsável pela delimitação da abrangência territorial da competência da vara do trabalho que criar. Ou seja, a lei federal, que cria uma vara do trabalho, delimita seu âmbito de abrangência sobre a parte do território nacional sobre o qual terá competência.

Em outros termos, isso significa o seguinte: se uma vara do trabalho foi criada para abranger vários municípios, ainda que a distância entre todos seja imensa, nenhum juiz de direito (que é um juiz estadual) tem competência nessa parte do território nacional para julgar causas trabalhistas.

E como se faz para se verificar o território alcançado pela competência de uma vara do trabalho? Deve-se recorrer à lei que a criou.

Por exemplo: a Lei n. 10.770/03, criou inúmeras novas varas do trabalho em todo país, definindo a competência territorial de cada uma delas.

No que tange à competência territorial das varas do trabalho do TRT da 8ª Região, por exemplo, que compreende todo território dos Estados do Pará e Amapá, prevê o parágrafo único, do art. 8º, da Lei n. 10.770/03, que

> Parágrafo único. Ficam assim definidas as áreas de jurisdição das Varas do Trabalho, pertencentes à 8ª Região:
>
> no Estado do Pará: ...
>
> j) Laranjal do Jari-Monte Dourado (Distrito de Almerim), o respectivo Município e Vitória do Jari (Amapá) e os de Almerim, Gurupá e Porto de Moz (Pará);
>
> II – no Estado do Amapá:
>
> a) Macapá: o respectivo Município e os de Afuá e Chaves (Pará), Amapá, Amapari, Calçoene, Cutias, Ferreira Gomes, Mazagão, Itaubal, Oiapoque, Porto Grande, Pracuúba, Santana, Serra do Navio e Tartarugalzinho.

Ou seja, a mencionada lei dividiu o território do Estado do Amapá em dois: a maior parte é da competência territorial das varas do trabalho de Macapá, correspondente aos territórios dos Municípios de Amapá, Amapari, Calçoene, Cutias, Ferreira Gomes, Macapá, Mazagão, Itaubal, Oiapoque, Porto Grande, Pracuúba, Santana, Serra do Navio e Tartarugalzinho. Assim, se algum empregado, que tiver sido contratado para prestar serviços em algum dos Municípios citados desse vasto território, quiser propor uma reclamação trabalhista em face de seu empregador, ou ex-empregador, deverá recorrer às varas do trabalho de Macapá.

Por outro lado, os Municípios de Laranjal do Jari e Vitória do Jari estão sob a competência territorial da Vara do Trabalho de Laranjal do Jari-Monte Dourado, que está sediada em Monte Dourado, Município do Estado do Pará. Logo, também aqui, se algum empregado, que tiver sido contratado para prestar serviços em algum desses municípios, quiser propor uma reclamação trabalhista em face de seu empregador, ou ex-empregador, deverá recorrer à vara do trabalho de Monte Dourado.

Assim, pelo menos em todo esse vasto território, nenhum juiz de direito (que são os juízes dos estados) poderá conhecer de causa trabalhista, por ser materialmente incompetente, tendo em vista que a Lei 10.770/03 não lhes deferiu poderes para julgar essas causas. Mas, pode haver Cidades em outros Estados em que a jurisdição trabalhista seja exercida por juiz de direito. Mais abaixo, indicaremos como se deve lidar com essa situação na prova do exame de ordem.

Feitas essas observações, teremos, então, quatro hipóteses de endereçamento aplicáveis às reclamações trabalhistas:

1ª hipótese: se o exercício indicar que na localidade só há uma única vara do trabalho ou não se referir a mais de uma vara do trabalho, deverá o candidato endereçar a reclamação trabalhista ao juiz do trabalho da vara do trabalho da localidade indicada no exercício. Exemplo: **Excelentíssimo Senhor Doutor Juiz do Trabalho da Vara do Trabalho de Monte Dourado**[6].

2ª hipótese: se o exercício indicar que na localidade há mais de uma vara do trabalho, deverá o candidato deixar três pontinhos antes da vara do trabalho, por que esta estará sujeita à distribuição. Exemplo: **Excelentíssimo Senhor Juiz do Trabalho da ... Vara do Trabalho de Macapá.**

3ª hipótese: se o exercício indicar que na localidade onde o empregado prestava serviços à reclamada não há vara do trabalho que tenha jurisdição sobre ela, deverá o examinando endereçar sua reclamação trabalhista para o juiz de direito local. Exemplo: **Excelentíssimo Senhor Juiz de Direito da Vara ... da Comarca de Passa Tudo do Estado de Tribobó**[7].

4ª hipótese: se em qualquer das três hipóteses acima não for indicada a localidade onde o empregado prestou serviços a seu empregador, ou ex-empregador, devem ser incluídas reticências[8] ao final com indicação do termo localidade. Exemplo: **Excelentíssimo Senhor Doutor Juiz do Trabalho da Vara do Trabalho da localidade de...**

Dessas quatro hipóteses, ainda restam alguns pontos a serem analisados:

O primeiro é a utilização da expressão "Excelentíssimo Senhor Doutor".

Essa expressão está consagrada pela praxe forense. Não obstante, vale ressaltar que nos padrões de resposta das provas dos exames de ordem, a FGV não inclui a expressão Doutor; mas não há nenhum mal se for incluída pelo examinando.

Igualmente, não use as expressões Exmo. Sr. ou Exmo. Sr. Dr. abreviadamente por que, nos padrões de resposta, a FGV vem utilizando essa expressão por extenso.

---

6 Poderá também o endereçamento ser escrito em caixa alta. Nesse caso, o exemplo citado ficaria assim: **EXCELENTÍSSIMO SENHOR DOUTOR JUIZ DO TRABALHO DA VARA DO TRABALHO DE MONTE DOURADO.**

7 O exemplo citado é hipotético, inventado apenas para fins didáticos.

8 Em vez de reticências, pode ser utilizado xxx.

O segundo se refere ao pequeno espaço deixado na segunda hipótese, entre juiz do trabalho e vara do trabalho em, por exemplo: **Juiz do Trabalho da ... Vara do Trabalho de Macapá**.

Costuma-se deixar esse espaço, obedecendo-se à práxis forense, quando no fórum trabalhista funciona mais de uma vara do trabalho. Porque, nesse caso, esse espaço indica que a reclamação trabalhista deverá ser apresentada ao distribuidor.

O distribuidor é o órgão da justiça destinado a fazer a divisão das ações que são apresentadas em determinado fórum em que funcione mais de uma vara (arts. 713 e 714, *a*, da CLT), evitando-se, assim, que uma das varas receba maior quantidade de petições iniciais do que a outra ou as outras e, também, para se evitar que o autor possa escolher o juiz que melhor lhe agrada.

Desse modo, como não se sabe para qual vara do trabalho deverá ser endereçada a reclamação trabalhista, deixa-se um pequeno espaço em branco, indicando-se, assim, que o examinando tem conhecimento de que no fórum para onde encaminhará sua reclamação trabalhista existe mais de uma vara do trabalho.

O terceiro é sobre a possibilidade de se escrever o endereçamento utilizando-se apenas a expressão **juiz** em vez de **juiz do trabalho**. A FGV também tem aceito, em seus padrões de resposta, essa expressão simplificada, talvez porque muitos consideram redundante escrever juiz do trabalho da vara do trabalho. Então, aproveitando o exemplo da primeira hipótese, podemos escrevê-lo da seguinte maneira: **Excelentíssimo Senhor Juiz da Vara do Trabalho de Monte Dourado**. Realmente, é até mais simples!

Vejamos, agora, com tem se posicionado a OAB sobre como se fazer o endereçamento.

No II exame de ordem unificado[9], a OAB divulgou o seguinte endereçamento, como padrão de resposta: "EXCELENTÍSSIMO SENHOR DOUTOR JUIZ DO TRABALHO DA 1ª VARA DO TRABALHO DE BOA ESPERANÇA/MG".

---

9 Padrão de resposta disponível no *site* da FGV: https://fgvprojetos.s3.amazonaws.com/112/GAB_COMENTADO_TRABALHO_01.pdf

Desse endereçamento podemos extrair a seguinte dica: o endereçamento pode ser feito em caixa alta. Contudo, há nesse endereçamento um equívoco: a informação do Estado da Federação.

Tecnicamente, a Justiça do Trabalho, por ser um órgão vinculado à união, é dividida em regiões e não entre os Estados do Brasil. Nesse sentido, dispõe o art. 674 da CLT que:

> Art. 674. Para efeito da jurisdição dos Tribunais Regionais, o território nacional é dividido nas vinte e quatro Regiões seguintes:
>
> 1ª Região – Estado do Rio de Janeiro, com sede na Cidade do Rio de Janeiro;
>
> 2ª Região – Estado de São Paulo, com sede na Cidade de São Paulo;
>
> 3ª Região – Estado de Minas Gerais, com sede na Cidade de Belo Horizonte;
>
> 4ª Região – Estado do Rio Grande do Sul, com sede na Cidade de Porto Alegre;
>
> 5ª Região – Estado da Bahia, com sede na Cidade de Salvador;
>
> 6ª Região – Estado de Pernambuco, com sede na Cidade de Recife;
>
> 7ª Região – Estado do Ceará, com sede na Cidade de Fortaleza;
>
> 8ª Região – Estados do Pará e do Amapá, com sede na Cidade de Belém;
>
> 9ª Região – Estado do Paraná, com sede na Cidade de Curitiba;
>
> 10ª Região – Distrito Federal e Tocantins, com sede no Distrito Federal;
>
> 11ª Região – Estados do Amazonas e de Roraima, com sede em Manaus;
>
> 12ª Região – Estado de Santa Catarina, com sede na Cidade de Florianópolis;
>
> 13ª Região – Estado da Paraíba, com sede na Cidade de João Pessoa;
>
> 14ª Região – Estados de Rondônia e Acre, com sede da Cidade de Porto Velho;
>
> 15ª Região – Estado de São Paulo (área não abrangida pela jurisdição estabelecida na 2ª Região), com sede na Cidade de Campinas;
>
> 16ª Região – Estado do Maranhão, com sede na Cidade de São Luis;
>
> 17ª Região – Estado do Espírito Santo, com sede na Cidade de Vitória;
>
> 18ª Região – Estado de Goiás, com sede na Cidade de Goiânia;
>
> 19ª Região – Estado de Alagoas, com sede na Cidade de Maceió;
>
> 20ª Região – Estado de Sergipe, com sede na Cidade de Aracaju;

21ª Região – Estado do Rio Grande do Norte, com sede na Cidade de Natal;

22ª Região – Estado do Piauí, com sede na Cidade de Teresina;

23ª Região – Estado do Mato Grosso, com sede na Cidade de Cuiabá;

24ª Região – Estado do Mato Grosso do Sul, com sede na Cidade de Campo Grande.

Parágrafo único. Os Tribunais têm sede nas cidades: Rio de Janeiro (1ª Região), São Paulo (2ª Região), belo horizonte (3ª Região), Porto Alegre (4ª Região), Salvador (5ª Região), Recife (6ª Região), Fortaleza (7ª Região), Belém (8ª Região), Curitiba (9ª Região), Brasília (10ª Região), Manaus (11ª Região), Florianópolis (12ª Região), João Pessoa (13ª Região), Porto Velho (14ª Região), Campinas (15ª Região), São Luís (16ª Região), Vitória (17ª Região), Goiânia (18ª Região), Maceió (19ª Região), Aracaju (20ª Região), Natal (21ª Região), Teresina (22ª Região), Cuiabá (23ª Região) e Campo Grande (24ª Região).

Assim é que, pelo teor do art. 674 da CLT, verifica-se que o Estado de São Paulo está dividido em duas Regiões: 2ª e 15ª; que há quatro Tribunais Regionais do Trabalho, os das 8ª (PA/AP); 10ª (DF/TO); 11ª (AM/RR) e 14ª (RO/AC) Regiões que têm jurisdição sobre mais de um Estado. Então, não é imprescindível que se faça a referência ao Estado da Federação no endereçamento da reclamação trabalhista. Mas, para a prova do exame de ordem, se for divulgada essa informação e vocês, examinandos e examinandas, souberem em qual Estado da Federação está localizada a Cidade mencionada, incluam a sigla do Estado.

No IV exame de ordem unificado[10], a OAB divulgou o seguinte endereçamento, como padrão de resposta: "Excelentíssimo Senhor Juiz do Trabalho da 85ª Vara do Trabalho do Rio de Janeiro/RJ".

Apesar de ter cometido o mesmo deslize na indicação do Estado do RJ, deixou uma dica muitíssimo importante: a de que chamar o juiz de doutor não era obrigatório no endereçamento.

É interessante deixar consignado que no VIII exame de ordem unificado[11] fez-se referência a uma suposta 90ª Vara do Trabalho de Campi-

---

10 Padrão de resposta disponível no *site* da FGV: https://fgvprojetos.s3.amazonaws.com/157/Espelho%20-%20Trabalho.pdf

11 Padrão de resposta disponível no *site* da FGV: https://fgvprojetos.s3.amazonaws.com/240/20121105103129-Trabalho.pdf

nas, mas, infelizmente, a FGV não divulgou o endereçamento "padrão". Gostaria de que fosse divulgado, só para ver como ficaria: Excelentíssimo Senhor Juiz do Trabalho da 90ª Vara do Trabalho de Campinas/?????, Será que eles iriam divulgar SP ????? Não se esqueçam de que Campinas está vinculada a 15ª Região, cuja sede é na própria Cidade de Campinas, mas Capinas é também uma Cidade de São Paulo... Enfim...

No X exame de ordem unificado[12], a OAB divulgou que o examinando deveria elaborar "uma petição inicial de ação de consignação em pagamento, baseada nos artigos 890 a 900 do CPC, com endereçamento ao Juiz do Trabalho de uma das Varas de Maceió".

Esse endereçamento merece destaque.

Acima dissemos que o candidato deverá se utilizar de reticências antes da indicação da vara do trabalho para indicar que a peça deverá ser primeiramente distribuída, quando o exercício indicar que na localidade existir mais de uma vara do trabalho, respeitando-se a praxe forense. É exatamente a hipótese dessa peça cobrada no X exame de ordem unificado, visto que, pela praxe forense, a inclusão das reticências nessa situação é a informação de que a reclamação trabalhista será protocolada primeiramente no distribuidor.

No XII exame de ordem unificado[13], a OAB divulgou que a peça deveria ser feita no "Formato de petição inicial, com endereçamento ao juiz do trabalho de Cuiabá".

Dentro dos padrões que divulgamos acima por correto.

No XIII exame de ordem unificado[14], a OAB divulgou que a peça deveria ser feita no "Formato de embargos de devedor/embargos à execução/embargos à penhora, com citação do art. 884 CLT dirigido à 50ª Vara do Trabalho de Boa Vista/Roraima". Como deixamos claro acima,

---

12 Padrão de resposta disponível no *site* da FGV: https://fgvprojetos.s3.amazonaws.com/303/20130704113032-Trabalho.pdf

13 Padrão de resposta disponível no *site* da FGV: https://fgvprojetos.s3.amazonaws.com/382/20140307053807-Trabalho.pdf

14 Padrão de resposta disponível no *site* da FGV: https://fgvprojetos.s3.amazonaws.com/421/20140625091937-padrao%20de%20resposta%20definitivo%20-%20direito%20do%20trabalho.pdf

Roraima não tem Vara do Trabalho, que tem jurisdição sobre Roraima é o TRT da 11ª Região, cuja sede está localizada em Manaus.

A partir do XIV exame de ordem unificado, contudo, a FGV divulgou que a peça (petição inicial) deveria ser endereçada ao "juízo de Manaus-AM".

A partir desse exame de ordem, a FGV passou a divulgar como correto que o endereçamento deveria ser feito ao juízo do local indicado no exercício. Contudo, sobre essa forma de endereçamento não podemos deixar de tecer alguns comentários.

Como vimos acima, juízo é o órgão jurisdicional para o qual deverá ser endereçada a peça processual, logo, fazer o endereçamento ao juízo de um órgão é redundância e erro grasso técnico e de português. Quer ver: imaginemos o seguinte endereçamento, com está no padrão de resposta do XIV exame de ordem – AO JUÍZO DE MANAUS-AM. Qual juízo? Qual vara? Vara do trabalho? Vara Cível? Vara Cível da Justiça Federal? É ao Tribunal Regional do Trabalho da 14ª Região? Uma vez que não existe Tribunal Regional do Trabalho de Manaus? É um Juizado?

Para piorar, no XXII exame de ordem, a FGV divulgou o seguinte padrão de resposta contendo endereçamento:

> O candidato deverá elaborar uma *Petição Inicial,* dirigida ao juízo do Trabalho de São Paulo-SP, com identificação das partes. Diante do ajuizamento da ação anterior, deverá ser requerida a distribuição à 250ª Vara do Trabalho de São Paulo, em razão da prevenção daquele juízo.

Como assim, afinal, para onde deve ser endereçada essa petição inicial?

Em virtude dessa mudança de parâmetro para endereçamento das peças prático-profissionais pela FGV, passei a verificar em livros de prática o seguinte endereçamento: ao JUÍZO DA 250ª VARA DO TRABALHO DE SÃO PAULO, tomando o texto do XXII como exemplo. Mas, a 250ª Vara do Trabalho de São Paulo já não é o próprio juízo? Então, como assim: juízo da (JUÍZO) 250 Vara do Trabalho de São Paulo? Com todo respeito, o nome disso é **redundância**. Desnecessária e desprezível.

Todo caso, fora a crítica *supra*, se, ainda assim, vocês, examinando ou examinanda, quiser fazer desse modo, as quatro hipóteses acima ficariam assim:

1ª hipótese: se o exercício indicar que na localidade só há uma única vara do trabalho ou não se referir a mais de uma vara do trabalho, deverá o candidato endereçar a reclamação trabalhista ao juízo da vara do trabalho da localidade indicada no exercício. Exemplo: **Ao Juízo da Vara do Trabalho de Monte Dourado.**

2ª hipótese: se o exercício indicar que na localidade há mais de uma vara do trabalho, deverá o candidato deixar três pontinhos antes da vara do trabalho, por que esta estará sujeita à distribuição. Exemplo: **Ao Juízo da ... Vara do Trabalho de Macapá.**

3ª hipótese: se o exercício indicar que na localidade onde o empregado prestava serviços à reclamada não há vara do trabalho que tenha jurisdição sobre ela, deverá o examinando endereçar sua reclamação trabalhista para o juízo de direito local. Exemplo: **Ao Juízo da Vara ... da Comarca de Passa Tudo do Estado de Tribobó**[15].

4ª hipótese: se em qualquer das três hipóteses acima não for indicada a localidade onde o empregado prestou serviços a seu empregador, ou ex-empregador, devem ser incluídas reticências[16] ao final com indicação do termo localidade. Exemplo: **Ao Juízo da Vara do Trabalho da localidade de...**

Lembre-se de que, se o exercício informar o Estado da Federação, inclua-o no endereçamento, mesmo estado errado!

3.1.2 Apresentação

Neste tópico, abordaremos os elementos que deverão ser observados na parte que se segue ao endereçamento da reclamação trabalhista e que compreendem: o espaço deixado entre o endereçamento e o início da apresentação; a qualificação do reclamante; a qualificação do reclamado; o endereço em que o advogado do reclamante recebe notificações; o "nome da ação" com o respectivo fundamento legal e o procedimento aplicável ao caso concreto.

---

15 O exemplo citado é hipotético, inventado apenas para fins didáticos.

16 Em vez de reticências, pode ser utilizado xxx.

Em sentido estrito, os elementos que deverão constar da apresentação seriam apenas os especificados nos arts. 840, § 1º, da CLT e 319, II, do CPC.

Relembrando: segundo o § 1º, do art. 840, da CLT, deverá a reclamação conter "a qualificação do reclamante e do reclamado" e segundo o art. 319, II, do CPC, "os nomes, os prenomes, o estado civil, a existência de união estável, a profissão, o número de inscrição no Cadastro de Pessoas Físicas ou no Cadastro Nacional da Pessoa Jurídica, o endereço eletrônico, o domicílio e a residência do autor e do réu".

Além desses requisitos, somente mais dois seriam justificáveis por força de lei: o endereço do advogado do reclamante e a nacionalidade do autor.

O endereço onde o advogado do reclamante recebe intimações é exigência expressa do art. 77, V, do CPC, que impõe como dever das partes e de seus procuradores "declinar, no primeiro momento que lhes couber falar nos autos, o endereço residencial ou profissional onde receberão intimações, atualizando essa informação sempre que ocorrer qualquer modificação temporária ou definitiva".

A indicação da nacionalidade do autor faz-se necessária em virtude do que dispõe o art. 83, do CPC:

> O autor, nacional ou estrangeiro, que residir fora do Brasil ou dele se ausentar na pendência da demanda, prestará, nas ações que intentar, caução suficiente as custas e honorários de advogado da parte contrária, se não tiver no Brasil bens imóveis que lhes assegurem o pagamento.

Assim, informar se o autor é nacional ou estrangeiro e se reside ou não no Brasil é essencial para se saber se está obrigado ou não a prestar a referida caução quando da propositura de sua ação.

Desse modo, teríamos, nos requisitos acima mencionados, o esgotamento, em princípio, de todos os requisitos exigidos por lei. Ou seja, bastaria apenas a referência a esses requisitos para que a apresentação da reclamação trabalhista estivesse completa. Em outros termos: a lei **NÃO** exige:

1) Espaço de 10 linhas entre o endereçamento e o início da apresentação.

2) Que o reclamante indique números de outros documentos além do CPF.
3) O nome da ação, com o respectivo fundamento legal.
4) Nem, muito menos, o procedimento aplicável, se sumário, sumaríssimo ou ordinário.

Portanto, devemos tentar compreender por que esses outros elementos – já que não são requisitos de nenhuma petição inicial em sentido estrito, muito menos da reclamação trabalhista – também devem ser observados.

Iniciaremos, portanto, com o espaço entre o endereçamento e a apresentação.

O espaço existente entre o endereçamento e a apresentação só pode ser atribuído a uma coisa: praxe forense. Na verdade, nem no processo civil, nem no processo do trabalho, esse espaço deveria existir, tendo em vista que o art. 211, do CPC, aplicado subsidiariamente ao processo do trabalho, por força dos arts. 15, do CPC e 769 da CLT assim dispõe: "Não se admitem nos atos e termos processuais **espaços em branco**, salvo os que forem inutilizados, assim como entrelinhas, emendas ou rasuras, exceto quando expressamente ressalvadas" [grifo nosso]. Como então explicá-lo?

A criação desse espaço deve-se à necessidade imposta ao juiz pelo art. 334 do CPC, no processo civil, de despachar a petição inicial, antes de designar audiência de conciliação. Nesse sentido dispõe textualmente o *caput* do citado artigo:

> Se a petição inicial preencher os requisitos essenciais e não for o caso de improcedência liminar do pedido, o juiz designará audiência de conciliação ou de mediação com antecedência mínima de 30 (trinta) dias, devendo ser citado o réu com pelo menos 20 (vinte) dias de antecedência.

Ou seja, somente após verificar se a petição inicial está corretamente redigida, formal e materialmente, é que o juiz autorizará seja o réu citado. Nesse caso, no processo físico, os juízes normalmente se utilizam do espaço deixado entre o endereçamento e a apresentação da petição inicial para apor seu despacho de cite-se ou a ordem para que o réu emende a petição inicial, neste última hipótese, com fulcro no art. 321, do CPC.

Ocorre, no entanto, que essa prática não é utilizada no processo do trabalho, tendo em vista que o juiz do trabalho não faz qualquer avaliação prévia da petição inicial, sendo esta remetida diretamente ao reclamado, conforme determina o art. 841, da CLT:

> Recebida e protocolada a reclamação, o escrivão ou chefe de secretaria, dentro de quarenta e oito horas, remeterá a segunda via da petição, ou do termo, ao reclamado, notificando-o ao mesmo tempo, para comparecer à audiência de julgamento, que será a primeira desimpedida, depois de cinco dias.

Ou seja, o próprio serventuário da justiça do trabalho responsável pela emissão da notificação - citação - é que deverá redigi-la, e, após devidamente assinada pelo diretor da secretaria, enviá-la, juntamente com a segunda via da reclamação trabalhista, ao reclamado, independentemente de qualquer despacho do juiz do trabalho. Consequentemente, não há qualquer necessidade de se deixar espaço entre o endereçamento e a apresentação, na reclamação trabalhista.

Em todo caso, aconselhamos que o examinando tome uma entre duas providências: pule uma linha após o endereçamento e escreva, entre parênteses, a expressão 10 linhas; após, pule mais um alinha e inicie, na linha seguinte, a qualificação do reclamante, como tem sido consagrado na praxe dos autores que escrevem sobre prática forense para o exame de ordem; ou deixe 10 linhas após o endereçamento. Nesta obra adotaremos a primeira opção por preservar maior quantidade de linhas a favor do examinando.

Passemos à explicação sobre a exigência da informação dos demais dados pessoais do reclamante e do reclamado além daqueles anteriormente referidos.

Para isso, deveremos nos socorrer da regulamentação dos tribunais trabalhistas sobre peculiaridades que consideram importantes para o bom funcionamento da própria Justiça do Trabalho.

Na tentativa de unificação dos procedimentos, com o claro objetivo de melhor prestar seus serviços à população, o Tribunal Superior do Trabalho - TST baixa instrumentos normativos que devem ser observados por seus servidores e, às vezes, pelos tribunais regionais do país.

Assim é que o *caput*, do art. 19, da Resolução n. 185/2017, do TST, que trata do processo eletrônico na Justiça do Trabalho, prevê como requisitos da reclamação trabalhista apenas os seguintes: "A petição inicial conterá, além dos requisitos do art. 840, § 1º, da CLT, a indicação do CPF ou CNPJ das partes, na forma do art. 15, caput, da Lei nº 11.419/06".

Contudo, a Consolidação dos Provimentos da Corregedoria-Geral da Justiça do Trabalho prevê, em seu art. 23, que[17]:

> Art. 23. Constarão dos registros de autuação dos processos judiciais da Justiça do Trabalho de 1º e 2º graus os seguintes dados, exceto se a informação não estiver disponível nos autos ou nos sistemas informatizados do Tribunal:
>
> I — Do cadastro geral do processo:
>
> [...]
>
> II — Do registro das partes:
>
> a) nome completo e endereço;
>
> b) RG (e órgão expedidor);
>
> c) CNPJ ou CPF;
>
> d) CEI (número da matrícula do empregador pessoa física perante o INSS);
>
> e) NIT (número de inscrição do trabalhador perante o INSS);
>
> f) PIS ou PASEP;
>
> g) CTPS;
>
> h) pessoa física ou pessoa jurídica;
>
> i) empregado ou empregador;
>
> j) ente público (União/Estado-Membro/Distrito Federal/Município);
>
> l) código do ramo de atividade do empregador;
>
> m) situação das partes no processo (ativa/não ativa).
>
> III — Do registro de advogados e estagiários:
>
> a) nome completo;
>
> b) endereço;
>
> c) número de registro na OAB, letra, unidade da federação;

---

17 Texto completo do citado Provimento disponível em: http://www.tst.jus.br/consolidacao-dos-provimentos. Acesso em 22/10/2014.

> d) situação no processo (ativo/não ativo, registro suspenso, data de início da suspensão, data do término da suspensão, registro cassado).
>
> IV — Do cadastro relativo às partes e advogados:
>
> a) endereço;
>
> b) complemento (sala, bloco, apartamento, etc.);
>
> c) bairro;
>
> d) cidade;
>
> e) unidade da federação;
>
> f) CEP;
>
> g) telefone;
>
> h) fac-símile;
>
> i) correio eletrônico.
>
> Parágrafo único. Os códigos das atividades econômicas constam do Anexo I desta Consolidação.

Ou seja, apesar de o art. Citado não tratar exatamente dos requisitos da reclamação trabalhista, esses dados acabaram por se transformar em elementos essenciais para o bom desenvolvimento do próprio processo depois de seu início, tendo, também, finalidade de se individualizar adequadamente tanto o reclamante quanto o reclamado, especialmente para se evitar homonímia.

Obviamente, a exigência do TST prevista no mencionado art. 23, da Consolidação dos Provimentos da Corregedoria-Geral da Justiça do Trabalho, não é para as partes e seus advogados e sim para os TRTs. Ocorre que estes, normalmente, baixam instruções normativas determinando às partes e a seus advogados que informem esses dados.

A legalidade dessa exigência, especialmente quando na comarca não foi ainda implantado o processo eletrônico é discutível. Contudo, nesta obra, interessa-nos apenas o aspecto formal da exigência, ou seja, a realidade de que esses dados são exigidos pelo TST, desde que disponíveis no processo.

No aspecto prático do exame de ordem, considerando-se que os advogados devem estar cientes das exigências dos tribunais quanto aos dados que devam informar no processo para seu bom andamento, cremos ser plenamente possível a exigência pela FGV de que o examinando conheça essa exigência do TST quanto aos demais dados que deva informar e que deva citá-los na prova, ou, pelo menos, fazer referência a eles.

Desse modo, até por uma atitude defensiva, chega-se à seguinte conclusão: deve-se fazer a qualificação do reclamante da forma mais completa possível, informando-se seu nome completo; nome da mãe e do pai, sendo este último facultativo; data de nascimento; nacionalidade; estado civil com a referência de que o reclamante mantém ou não união estável; profissão; os números dos seguintes documentos: RG, CPF, CTPS e PIS; o endereço físico completo, com CEP e, finalmente, o endereço digital – e-mail.

Já a qualificação do reclamado também deverá ser a mais completa possível, devendo-se incluir o nome do empregador pessoa física, ainda que empresário individual, ou da sociedade empresária; dizer se é pessoa física ou jurídica e sendo jurídica, mencionar se é pessoa jurídica de direito público ou privado; o número do CNPJ, em caso de pessoa jurídica, ou CEI (número da matrícula do empregador pessoa física perante o INSS); a classificação nacional de atividade econômica - CNAE e, finalmente, o endereço completo, inclusive com a indicação do CEP e o correio eletrônico – e-mail.

Vale ressaltar que, na prática, esses dados relativos à qualificação do reclamado deverão constar da reclamação trabalhista se o reclamante tiver todos os dados completos. Caso contrário, a reclamação trabalhista não deve deixar de ser feita em função de falta de algum dado, como, por exemplo, se o reclamado é conhecido apenas como Manuel do boteco e o reclamante somente possui esse dado e o endereço do boteco.[18] Nesses casos, esses serão os dados que deverão constar da qualificação do reclamado, devendo-se, apenas, o reclamante relatar, com clareza,

---

18 "Deve-se ressaltar, neste ponto, que nem sempre o autor disporá de todos os elementos necessários à correta individuação do réu, hipótese em que deverá apresentar os elementos de que tenha conhecimento, e declinar ao juízo os demais elementos que tornem possível a identificação do demandado (como um apelido, uma característica física e assim por diante" (CAMARA, Alexandre Freitas. *Lições de Direito Processual Civil.* 14 ed. Rio de Janeiro: Lumen Juris, 2008. v. 1, p. 307).

tal fato na reclamação trabalhista.[19] Contudo, para o exame de ordem, todos esses dados devem ser incluídos.

Apenas a título de ilustração do que estamos mencionando, no texto do exercício da peça prático-profissional do XII Exame de Ordem Unificado, a FGV incluiu os seguintes dados, que deveriam ser observados e completados por outros na elaboração da peça: "Bruno Silva, brasileiro, solteiro, CTPS 0010, Identidade 0011, CPF 0012 e PIS 0013, filho de Valmor Silva e Helena Silva, nascido em 20.02.1990, domiciliado na Rua Oliveiras, 150 – Cuiabá – CEP 20000-000". Ou seja, fez uso de grande parte dos elementos citados e que devem fazer parte da qualificação do reclamante, cuja observância, por zelo, aconselhamos.

Além dos dados completos, ainda que apenas fazendo-se alusão ao (s) dado (s) faltante (s) com reticências, devem ser incluídos os dados do advogado. Os dados do advogado que deverão ser informados são os seguintes: a menção de que o reclamante está representado processualmente por seu advogado e de que a procuração está anexada ao processo; o endereço do advogado e seu respectivo endereço eletrônico.

Observe que o nome do advogado, por meio da expressão "ADVOGADO...", e a referência à sua inscrição na OAB, que se fará por meio da seguinte expressão: OAB..., deverão ser mencionados apenas ao final da petição, quando de sua assinatura. Nos termos do item 3.5.8 do edital acima transcrito, não poderá ser utilizada nenhuma outra expressão para se referir ao advogado, sob pena de atribuição de nota 0 (zero), por ser considerada identificação do examinando em local indevido.

Na apresentação deverá constar, ainda, o "nome da ação".

É de bom alvitre deixar consignado que ação não tem nome, já que ação, em conceito bem simples, pode ser definida como o direito público subjetivo de se recorrer ao Poder Judiciário para se requerer a solução do conflito de interesses. Direito esse elevado à garantia de direito fundamental na Constituição Brasileira.

---

[19] "Quando impossível a individualização do réu, por desconhecidos os dados apontados pela lei, a inicial fornecerá elementos esclarecedores que o distingam de qualquer outra pessoa e tornem certa a pessoa contra quem ou em relação a quem a ação é proposta" (SANTOS, Moacyr Amaral. *Primeiras Linhas de Direito Processual Civil.* 25 ed. Saraiva: São Paulo, 2009. v. 2, p. 145).

Contudo, também é praxe corriqueira nos modelos de petição que se introduza o "nome da ação", ou o título da ação, conforme dele se utiliza em grande escala o CPC, quando diz, por exemplo: ação de consignação em pagamento; ação monitória; ações possessórias etc. Assim, o "nome da ação" deverá constar de sua peça e será reclamação trabalhista, ou simplesmente reclamação, conforme denominação utilizada pelo *caput* do art. 840, da CLT.

Além do "nome da ação", o examinando deverá informar, ainda, o seu fundamento legal que, no caso da reclamação trabalhista, são os arts. 840, § 1º da CLT e 319, do CPC, aplicado subsidiariamente por força dos arts. 15, do CPC e 769, da CLT.

Outrossim, deverá o examinando informar, na reclamação trabalhista, o tipo de procedimento. Há no processo do trabalho, três espécies de procedimento: o procedimento comum, o sumário e o sumaríssimo.

Na sua redação originária, as normas processuais trabalhistas, para dar solução aos conflitos individuais decorrentes da relação de emprego, não previam os procedimentos sumário e sumaríssimo.

Para a solução de conflitos entre empregado e empregador, a CLT só previa uma espécie de procedimento que denominou de dissídios individuas e que está consagrado nos arts. 837 a 852. Este é o procedimento normal e será subsidiariamente aplicável aos demais, em caso de lacunas dos demais procedimentos trabalhistas.

Em 1970, foi introduzido no processo do trabalho, pela Lei n. 5.584, o procedimento sumário previsto nos §§ 3º e 4º, do art. 2º, que têm, respectivamente, a seguinte redação:

> Quando o valor fixado para a causa, na forma deste artigo, não exceder de duas vezes o salário mínimo vigente na sede do Juízo, será dispensável o resumo dos depoimentos, devendo constar da Ata a conclusão da Junta quanto à matéria de fato.

Salvo se versarem sobre matéria constitucional, nenhum recurso caberá das sentenças proferidas nos dissídios da alçada a que se refere o parágrafo anterior, considerado, para esse fim, o valor do salário mínimo à data do ajuizamento da ação.

Ou seja, para a causa cujo valor não exceda a dois salários mínimos, considerando-se o valor do salário mínimo à data do ajuizamento da ação, o procedimento aplicável será o sumário.

Posteriormente, em 2000, a Lei nº 9.957 introduziu na CLT os arts. 852-A a 852-I. Esses artigos regulamentaram o procedimento sumaríssimo no processo do trabalho que é aplicável, de acordo com o art. 852-A da CLT, aos "dissídios individuais cujo valor não exceda a quarenta vezes o salário mínimo vigente na data do ajuizamento da reclamação".

Logo, atualmente, a legislação trabalhista prevê os seguintes procedimentos básicos aplicáveis aos dissídios individuais trabalhistas: para as ações cujo valor da causa não exceder a 02 salários mínimos, o procedimento a ser observado é o sumário; para as ações cujo valor da causa exceder de 02 salários mínimos e for igual ou inferior a 40 salários mínimos, o procedimento aplicável será o sumaríssimo e, por fim, às ações cujo valor da causa seja superior a 40 salários mínimos, o procedimento será o ordinário.

Por fim, deverá o examinando ficar atento ao que dispõe o exercício sobre os dados que deverão constar na prova e, caso faltem dados no exercício, deverá o examinando se utilizar de reticências ou XXX para supri-los, consoante se extrai do edital do exame de ordem:[20]

> 3.5.9. Na elaboração dos textos da peça profissional e das respostas às questões discursivas, o examinando deverá incluir todos os dados que se façam necessários, sem, contudo, produzir qualquer identificação ou informações além daquelas fornecidas e permitidas nos enunciados contidos no caderno de prova. Assim, o examinando deverá escrever o nome do dado seguido de reticências ou de "XXX" (exemplo: "Município...", "Data...", "Advogado...", "OAB...", "MunicípioXXX", "DataXXX", "AdvogadoXXX", "OABXXX" etc.). A omissão de dados que forem legalmente exigidos ou necessários para a correta solução do problema proposto acarretará em descontos na pontuação atribuída ao examinando nesta fase.

Abaixo, no exercício que vamos resolver, voltaremos a comentar a aplicabilidade dessa norma prevista no edital do XXVII Exame de Ordem para o caso de falta de dados.

---

[20] A regra citada foi extraída do o edital do XXVII Exame de Ordem Unificado, disponível em https://dpmzos25m8ivg.cloudfront.net/630/677082_Edital%20de%20Abertura%202018.3%20(XXVII%20EOU).pdf. Acesso em 12/10/2018.

Em todo caso, o examinando deverá fazer constar em sua peça prático-profissional todos os dados mencionados nesse item, ainda que com uso de reticências ou XXX.

3.1.3 Comissão de Conciliação Prévia:

A Comissão de Conciliação Prévia - CCP - foi instituída pela Lei n. 9.957/00, que inseriu os arts. 625-A a 625-H na CLT.

Os principais objetivos do legislador ao criar as CCPs foram dois: primeiro, possibilitar que empregado e empregador pudessem resolver seus litígios de modo direto, sem a intervenção do judiciário trabalhista, por meio da transação dos direitos trabalhistas do empregado e, segundo, desafogar o judiciário trabalhista pois, em tese, inúmeros casos poderiam ser solucionados direta e rapidamente nas CCPs. Nesse caso, se as partes chegassem a um acordo, era "lavrado termo assinado pelo empregado, pelo empregador ou seu proposto e pelos membros da Comissão, fornecendo-se cópia às partes", pondo fim ao litígio entre empregado e empregador.

Assim é que, o art. 625-A da CLT possibilitava a criação das CCPs tanto no âmbito das empresas ou grupo de empresas quanto no âmbito sindical, conforme constasse em acordo ou convenção coletiva de trabalho, dispondo que:

> As empresas e os sindicatos podem instituir Comissões de Conciliação Prévia, de composição paritária, com representante dos empregados e dos empregadores, com a atribuição de tentar conciliar os conflitos individuais do trabalho. Parágrafo único. As Comissões referidas no caput deste artigo poderão ser constituídas por grupos de empresas ou ter caráter intersindical.

A submissão das demandas trabalhistas entre empregados e empregadores às CCPs era obrigatória, dispondo o *caput* art. 625-D da CLT que "Qualquer demanda de natureza trabalhista será submetida à Comissão de Conciliação Prévia se, na localidade da prestação de serviços, houver sido instituída a Comissão no âmbito da empresa ou do sindicato da categoria".

Infelizmente, a má-fé é regra que impera no Brasil e não foi diferente quando da constituição das CCPs. Muitos, muitíssimos, foram os casos de atuação fraudulenta por parte dos empregadores nessas comissões, muitas vezes com "ajuda" dos próprios membros das CCPs, fazendo acordos totalmente prejudiciais aos empregados, sob a alegação principal de que poderiam não receber qualquer valor caso ingressassem na Justiça do Trabalho devido à demora na prestação jurisdicional desta Justiça Especializada. Desse modo, precisando de dinheiro, em verdadeiro estado de necessidade, os empregados aceitavam qualquer acordo e depois, arrependidos, acabavam ingressando na Justiça do Trabalho para anular o acordado e tentar buscar seus direitos trabalhistas.

Para piorar, dispõe o parágrafo único do art. 625-E, da CLT, que "O termo de conciliação é título executivo extrajudicial e terá eficácia liberatória geral, exceto quanto às parcelas expressamente ressalvadas". Ou seja, o acordo firmado perante a CCP dava quitação geral quanto ao extinto contrato de trabalho, salvo se o empregado consignasse alguma ressalva quanto algum direito trabalhista que não fez parte do acordo.

Por fim, a exigência de obrigatoriedade de submissão de qualquer demanda trabalhista à CCP ante de se poder ingressar na Justiça do Trabalho, foi, pela maioria dos doutrinadores, e por grande parte da jurisprudência, considerada inconstitucional, até que o STF se posicionou sobre a questão nas ADIs 2139 e 2160 para dar interpretação conforme à Constituição Federal ao art. 625-D da CLT facultando aos empregados e aos empregadores submeterem suas demandas ou não à CCP antes de ingressarem na Justiça do Trabalho. Logo, após o entendimento do STF, não há mais a exigência de submeter, obrigatória e previamente, a reclamação trabalhista à CCP.

Bem, no aspecto prático, por que fizemos alusão às CCPs? É que, como vimos acima, o art. 625-D da CLT impõe que todo dissídio individual do trabalho seja encaminhado, antes de se ingressar na Justiça do Trabalho, à CCP, para que se tente primeiro um acordo extrajudicial com efeito liberatório geral em relação às verbas trabalhistas transacionadas e, caso o acordo não seja alcançado, possa o reclamante ingressar na Justiça do Trabalho com sua reclamação trabalhista.

Além da imposição da submissão da demanda às CCPs, o mencionado artigo impõe ainda que o reclamante tome algumas providências, conforme haja CCP instituída ou não e, se houver CCP instituída e o reclamante a ela tenha submetido sua demanda e não tenha chegado a um acordo. Vejamos como se dá isso na prática:

1ª hipótese: se não há CCP onde o empregado presta ou prestou serviços a seu empregador ou ex-empregador, deve, então, fazer uma declaração na própria reclamação trabalhista de que não há comissão de conciliação prévia instituída no âmbito de atuação do sindicato de sua categoria ou na empresa para a qual trabalha ou trabalhava, consoante determinação do § 3º do art. 625-D da CLT.

2ª hipótese: caso exista a CCP e o empregado nesta não tenha chegado a um acordo com seu empregador ou ex-empregador, deverá juntar à reclamação trabalhista a declaração de conciliação frustrada e comunicar tal fato na petição inicial (art. 625-D da CLT).

Contudo, esse requisito da reclamação trabalhista só será incluído na petição inicial se houver alusão, no exercício do Exame de Ordem, de que o empregado tenha submetido sua reclamação trabalhista à CCP e nesta não houve acordo, ou de que esta não existe na localidade onde preta ou prestava serviços a seu empregador ou ex-empregador. Se não houver qualquer menção à CCP no exercício do exame de ordem, nada deverá ser escrito sobre o assunto.

3.1.4 Causa de Pedir

Nesta parte, analisaremos dois dos pontos mais importantes na elaboração da reclamação trabalhista: a narrativa dos fatos e do fundamento jurídico do pedido. Além disso, faremos a distinção deste com o fundamento legal, também cobrado no exame de ordem.

Esta parte encontra-se prevista no art. 840, § 1º, da CLT e no art. 319, III, do CPC.

No art. 840, § 1º, da CLT, está prevista em: "..., **uma breve exposição dos fatos de que resulte o dissídio, ...**".

Já no CPC, por sua vez, encontra-se prevista no art. 319, III, que têm a seguinte redação: "**o fato e os fundamentos jurídicos do pedido**".

O fato representa a chamada causa de pedir remota e, em princípio, a petição inicial deverá estar fundamentada sempre em um fato ou em vários fatos conforme relatado ou relatados no exercício de exame de ordem.

Portanto, na reclamação trabalhista, para os efeitos do exame de ordem, os fatos deverão ser descritos detalhadamente, tomando-se cuidado o examinando para não copiar o texto do exercício. Assim, o examinando deverá parafrasear o relato dos fatos constantes do exercício do exame de ordem, ou seja, relatá-lo utilizando-se de suas próprias palavras, direta e objetivamente, de preferência em ordem cronológica.

Os fundamentos jurídicos do pedido, que representam a causa de pedir próxima, são, na verdade, o (s) fato (s) contrário (s) ao direito do reclamante praticado pelo reclamado e que também deverá ser relatado pelo examinando. É exatamente o (s) fato (s) contrário (s) ao direito do reclamante, praticado pelo reclamado, que possibilitará que o reclamante faça o pedido, sendo este último a finalidade da causa de pedir, isto é, a causa de pedir fundamenta, embasa, sustenta o pedido.

A principal observação a ser feita quanto aos fundamentos jurídicos do pedido é a de que estes não se confundem especificamente com o fundamento legal em sentido estrito, entendendo-se este como a norma aplicável ao caso concreto, que no âmbito do Direito do Trabalho, pode ser heterônoma, editada pelo poder público competente, ou autônoma advinda de negociação coletiva que tenha se concretizado em convenção coletiva de trabalho ou acordo coletivo de trabalho. Há direitos trabalhistas, inclusive, criados pela jurisprudência trabalhista pátria, como o previsto na súmula 291, do TST.

Assim é que os fundamentos jurídicos do pedido são os fundamentos resguardados pelo direito que possibilitam que o reclamante faça o respectivo pedido. Exemplificando: se um empregado diz que trabalha duas horas extras por dia e não as recebe de seu empregador, como impõe a lei, basta que mencione esse fato e o de que o empregador não cumpriu a sua obrigação de pagar que estarão preenchidos os requisitos sobre os fatos e os fundamentos jurídicos do pedido, sem a necessidade de citar qualquer artigo da CF, da CLT ou de qualquer outro diploma legal, salvo, obviamente, se o direito estiver amparado em norma jurídica que o juiz do trabalho não esteja obrigado a conhecer por força do próprio ofício (art. 376, do CPC), tal como os direitos previstos em convenções ou acordos coletivos de trabalho.

Nesse sentido, Câmara leciona que:[21]

> Após a qualificação das partes, deve passar o autor a indicar a causa de pedir, já definida anteriormente, e que é composta pelos fatos que dão margem à pretensão do autor. A necessidade de indicação da causa de pedir vem expressa no art. 282, III, do CPC, que fala em *fatos* e *fundamentos jurídicos do pedido*. Os fatos a que se refere a norma são os que compõem a *causa de pedir próxima*, ou seja, os fatos que - segundo a descrição do demandante - lesaram ou ameaçaram o direito de que o mesmo afirma ser titular. Já os fundamentos jurídicos são, em verdade, a *causa de pedir remota*, ou seja, o título (o fato constitutivo) do direito afirmado pelo autor. É absolutamente desnecessária a indicação dos dispositivos legais onde o autor foi buscar os fundamentos para embasar sua demanda, já que *iura novit cúria* (o juiz conhece o direito).

Ainda sobre o mesmo ponto vale citar, também, o ensinamento de Greco Filho:[22]

> Deve o autor descrever com precisão os fatos relevantes e pertinentes que constituem a relação jurídica sobre a qual haverá o pronunciamento

---

21 CAMARA, Alexandre Freitas. *Lições de Direito Processual Civil*. 14 ed. Rio de Janeiro: Lumen Juris, 2008. v. 1, p. 307.

22 E complementa: "O Código, ao exigir a descrição do fato e o fundamento jurídico do pedido, filiou-se à chamada teoria da substanciação quanto à causa de pedir. A decisão judicial julgará procedente ou não o pedido, em face de uma situação descrita e *como* descrita. Essa teoria se contrapõe à chamada teoria da individualização, segundo a qual bastaria a indicação de um fundamento geral para o pedido (p. ex.: "sou credor, logo peço..."), incidindo, nesse caso, a prestação jurisdicional sobre o próprio fato da natureza subjacente àquela indicação genérica. Para essa teoria, a petição inicial teria apenas a função de apontar a causa, abrangendo a decisão todos os aspectos de fato relevantes". E prossegue: "Na teoria da substanciação, adotada por nossa lei, a petição inicial *define* a causa, de modo que fundamento jurídico não descrito não pode ser levado em consideração, mesmo porque a causa de pedir é um dos elementos que identificam a causa, não podendo ser modificado sem o consentimento do réu, após a citação, e em nenhuma hipótese após o saneamento do processo (art. 264). Se o autor tiver outro fundamento jurídico para o pedido e deixou de apresentá-lo na inicial, somente em ação própria poderá fazê-lo. Por outro lado, se houver outro fundamento jurídico para o mesmo pedido, nova ação poderá ser proposta, porque a primeira não será idêntica à segunda". E encerra: "o fato é chamado de causa de pedir remota, e o fundamento jurídico é a causa de pedir próxima" (GRECO FILHO, Vicente. *Direito Processual Civil Brasileiro*. 20 ed. São Paulo: Saraiva, 2009. v. 2, p. 106).

> jurisdicional. Também deve ser descrito o fato contrário do réu que impediu a efetivação voluntária e espontânea de direito do autor. Cabe ainda dar a todos esses fatos a qualificação jurídica ou a natureza perante o direito da situação descrita. O fato e o fundamento jurídico são a causa de pedir, na expressão latina, a *causa petendi*. Antes de mais nada é preciso observar que fundamento jurídico é diferente de fundamento legal; este é a indicação (facultativa, porque o juiz conhece o direito) dos dispositivos legais a serem aplicados para que seja decretada a procedência da ação; aquele (que é de descrição essencial) refere-se à relação jurídica e fato contrário do réu que vai justificar o pedido de tutela jurisdicional.

O que é importante observar é que os fundamentos jurídicos do pedido deverão estar diretamente atrelados aos fatos para que se possa fazer o pedido.

Não obstante, a OAB exige que, na causa de pedir, além dos fatos e do fundamento jurídico do pedido, o examinando também mencione o fundamento legal e o entendimento jurisprudencial do TST, por meio da indicação das respectivas súmulas e/ou orientações jurisprudenciais (OJs).

Apesar de parecer incorreto o posicionamento da OAB, esse posicionamento se justifica pelo aspecto didático do exame de ordem, pois, se a OAB não exigir do examinando a indicação das respectivas normas jurídicas e a sustentação com fundamentos calcados, inclusive, na jurisprudência do TST, não se conseguirá aferir o conhecimento do examinando quanto à aplicabilidade das normas jurídicas e da jurisprudência ao caso concreto. Assim, fique atento examinando: fatos + fundamentos jurídicos do pedido + fundamentos legais + fundamentos jurisprudenciais, se houver.

3.1.5 Pedido

Passemos à análise do pedido, que encerra o motivo pelo qual todos vão à juízo requerer uma tutela jurisdicional.

O pedido, nos dizeres de Câmara, "é o veículo da pretensão manifestada pelo autor".[23]

---

[23] CAMARA, Alexandre Freitas. *Lições de Direito Processual Civil*. 14 ed. Rio de Janeiro: Lumen Juris, 2008. v. 1, p. 307.

Pode ser melhor entendido dando-se resposta a seguinte indagação: o que o reclamante quer que o juiz do trabalho faça por ele que não tenha sido feito espontaneamente pelo reclamado?

Para bem responder a essa indagação, tem-se dividido a explicação sobre o pedido em pedido imediato, que é a providência a ser tomada pelo juiz em face da clássica classificação das sentenças (declaratória, constitutiva e condenatória) ou, em outros termos, o tipo de provimento jurisdicional requerido, e em pedido mediato, que é o bem da vida perseguido no processo. Assim, se o reclamante pretende a condenação da reclamada ao pagamento de duas horas extras por dia, o pedido de condenação expressa o pedido imediato e o de pagamento das duas horas extras diárias, o mediato, pois representa o bem da vida perseguido.

Segundo o art. 322, do CPC: "o pedido deve ser certo" e complementa-o o art. 324, do mesmo diploma legal: "o pedido deve ser determinado".

Na verdade, o pedido deve ser certo e determinado. Pedido certo é o que se extrair, sem incerteza, da pretensão do reclamante e pedido determinado é o que se verifica em termos de qualidade e quantidade. Há, contudo, quem trabalhe com esses conceitos no sentido exatamente oposto,[24] e há quem não faça qualquer distinção entre eles.[25]

No que se refere ao seu aspecto prático, o pedido deve ser encarado como a providência pretendida do Poder Judiciário, ou seja, pode ser resumido na seguinte indagação: em virtude do fato ocorrido e do direito

---

24 "Pedido determinado, segundo um dos mais notáveis juristas brasileiros, "é o que externa uma pretensão que visa a um bem jurídico perfeitamente caracterizado". E pedido certo, segundo o mesmo autor "é o que deixa claro e fora de dúvida o que se pretende, quer no tocante a sua qualidade, quer no referente à sua extensão e quantidade". Assim sendo, não basta ao autor, por exemplo, pedir a condenação do réu a pagar a ele uma soma em dinheiro devida em razão de um contrato de mútuo (pedido determinado), mas afirmar também a quantidade de dinheiro que pretende receber (pedido certo). Determinação e certeza, portanto, se completam, sendo essenciais para que se possa delimitar o objeto do processo" (CAMARA, Alexandre Freitas. *Lições de Direito Processual Civil.* 14 ed. Rio de Janeiro: Lumen Juris, 2008. v. 1, p. 308. *Apud* Calmon de Passos, *Comentários ao Código de Pocesso Civil*, vol. III, p. 215).

25 "Pedido *determinado*, ou *certo*, é o definido ou delimitado em suas qualidades e quantidade" (SANTOS, Moacyr Amaral. *Primeiras Linhas de Direito Processual Civil.* 25 ed. Saraiva: São Paulo, 2009. v. 2, p. 162).

invocado e desrespeitado pelo réu, o que se quer do Poder Judiciário? Ora, será o resultado da seguinte sequência lógica: invocado um fato X, com respaldo no direito Y, deve-se requerer uma providência jurisdicional Z.

No processo do trabalho atualmente, após a entrada em vigor da Lei n. 13.467/2017, além de ser certo e determinado, deverá o reclamante atribuir valor a cada um de seus pedidos, nos termos do art. 840, § 1º, da CLT. Se essa exigência não for respeitada nos procedimentos ordinário e sumário, deverá o juiz da causa determinar que o reclamante emende a petição inicial (art. 321, do CPC, aplicado subsidiariamente por força dos arts. 15 do CPC e 769, da CLT).

No caso do procedimento sumaríssimo, além de ser certo e determinado, deverá o reclamante atribuir valor econômico aos pedidos, sob pena de arquivamento da reclamação trabalhista e condenação do reclamante ao pagamento de custas sobre o valor da causa, nos termos do art. 852-B, § 1º, da CLT, não havendo, nessa situação a possibilidade de emenda da petição inicial.

Por fim, deve o examinando ficar atento para o seguinte detalhe: os requisitos causa de pedir e pedido devem constar de momentos distintos da petição inicial. Isto é, em uma parte da petição inicial deve-se incluir a causa de pedir, sem que nesta seja feita qualquer pedido e, em outra parte, o pedido.

3.1.6 Requerimentos de caráter processual:

Neste item, abordaremos os seguintes tópicos: requerimento para produção das provas; requerimento de gratuidade de justiça e, finalmente, o requerimento final de julgamento de procedência dos pedidos feitos na petição acrescidos de juros e correção monetária; de condenação ao pagamento das custas processuais e de honorários advocatícios.

3.1.6.1 Requerimento para produção de provas

Segundo o art. 319, VI, do CPC, o autor terá de fazer constar em sua petição inicial a menção "às provas com que o autor pretende demonstrar a verdade dos fatos alegados".

Nesse sentido, deverá, ainda que genericamente, o reclamante especificar e requerer que o juiz acolha as provas que pretende vir a produzir em audiência ou fora dela.

3.1.6.2 Requerimento de concessão dos benefícios da justiça gratuita

As disposições acerca da **gratuidade de justiça** encontram-se regulamentadas nos arts. 98 a 102 do CPC.

Além dessa lei, deve-se levar em conta os dispositivos previstos nas Lei n. 1.060/50; arts. 14 a 19, da Lei n. 5.584/70; Lei n. 7.115/83 e nos arts. 790, § 3º e 790-B.

Segundo § 3º, do Art. 790, da CLT, com a redação dada pela Lei n. 13.467/2017:

> É facultado aos juízes, órgãos julgadores e presidentes dos tribunais do trabalho de qualquer instância conceder, a requerimento ou de ofício, o benefício da justiça gratuita, inclusive quanto a traslados e instrumentos, àqueles que perceberem salário igual ou inferior a 40% (quarenta por cento) do limite máximo dos benefícios do Regime Geral de Previdência Social.

Desse modo, basta que o requerente não receba salário superior a 40% do limite máximo dos benefícios do Regime Geral da Previdência Social que já será automaticamente beneficiário da justiça gratuita.

Se receber salário superior a 40% do limite máximo dos benefícios do Regime Geral da Previdência Social, deverá declarar, na própria petição inicial, por si mesmo, ou por procurador que tenha poderes expressos para tal, que não tem como arcar com as despesas da demanda sem prejuízo para si ou para sua família, não havendo, portanto, necessidade de apresentação de declaração de pobreza em separado (art. 1º, da Lei n. 7.115/83 e art. 4º, da Lei n. 1.060/50).

Os benefícios da justiça gratuita alcançam a não obrigação de pagar as seguintes despesas decorrentes do processo, nos termos do § 1º, do art. 98, do CPC:

> I – as taxas ou as custas judiciais;

> II - os selos postais;
>
> III - as despesas com publicação na imprensa oficial, dispensando-se a publicação em outros meios;
>
> IV - a indenização devida à testemunha que, quando empregada, receberá do empregador salário integral, como se em serviço estivesse;
>
> V - as despesas com a realização de exame de código genético - DNA e de outros exames considerados essenciais;
>
> VI - os honorários do advogado e do perito e a remuneração do intérprete ou do tradutor nomeado para apresentação de versão em português de documento redigido em língua estrangeira;
>
> VII - o custo com a elaboração de memória de cálculo, quando exigida para instauração da execução;
>
> VIII - os depósitos previstos em lei para interposição de recurso, para propositura de ação e para a prática de outros atos processuais inerentes ao exercício da ampla defesa e do contraditório;
>
> IX - os emolumentos devidos a notários ou registradores em decorrência da prática de registro, averbação ou qualquer outro ato notarial necessário à efetivação de decisão judicial ou à continuidade de processo judicial no qual o benefício tenha sido concedido.

Esdruxulamente, a Lei n. 13.467/2017, ao regulamentar os honorários advocatícios de sucumbência na Justiça do Trabalho, por meio da inclusão do art. 791-A, à CLT, estabeleceu, no § 4º do mencionado art., que

> Vencido o beneficiário da justiça gratuita, desde que não tenha obtido em juízo, ainda que em outro processo, créditos capazes de suportar a despesa, as obrigações decorrentes de sua sucumbência ficarão sob condição suspensiva de exigibilidade e somente poderão ser executadas se, nos dois anos subsequentes ao trânsito em julgado da decisão que as certificou, o credor demonstrar que deixou de existir a situação de insuficiência de recursos que justificou a concessão de gratuidade, extinguindo-se, passado esse prazo, tais obrigações do beneficiário.

Impondo, assim, a possibilidade de condenação de honorários advocatícios sucumbenciais ao beneficiário da justiça gratuita. Ou seja, trocando em miúdos: prevê a possibilidade de condenação de honorários advocatícios de sucumbência aos empregados que não tiverem como arcar com as despesas processuais, ainda que beneficiários da justiça gratuita.

Logo, o inciso VI, do § 1º, do art. 98, do CPC, acima transcrito deverá ser observado com essa ressalva na seara trabalhista.

Para o TST, conforme entendimento consagrado a OJ-SDI1-304, "atendidos os requisitos da Lei nº 5.584/70 (art. 14, § 2º), para a concessão da assistência judiciária, basta a simples afirmação do declarante ou de seu advogado, na petição inicial, para se considerar configurada a sua situação econômica (art. 4º, § 1º, da Lei nº 7.510/86, que deu nova redação à Lei nº 1.060/50)".

Assim, caso o exercício declare que o Reclamante não tenha como arcar com as despesas processuais, deverá ser feito o requerimento para que o juiz lhe conceda os benefícios da justiça gratuita.

3.1.6.3 Requerimentos finais:

Finalmente, devem ser feitos obrigatoriamente na reclamação trabalhista para o exame de ordem, porque pontuados, os chamados requerimentos finais, que são os seguintes: o de requerimento de julgamento de procedência do pedido (ou dos pedidos) acrescido de juros e correção monetária; o de requerimento de condenação do reclamado ao pagamento das custas e despesas processuais e o requerimento de condenação do reclamado em honorários advocatícios. Todos esses requerimentos finais podem ser feitos em um único parágrafo.

3.1.7 Valor da causa:

O penúltimo requisito que deverá ser observado na elaboração da reclamação trabalhista é o valor da causa, que deverá ser calculado pela soma dos valores relativos aos pedidos condenatórios em obrigação de pagar quantia determinada.

3.1.8 Encerramento:

Por fim, nesta última parte da reclamação trabalhista, faz-se o protesto pelo deferimento da petição inicial, inclui-se a data e a assinatura do reclamante ou de seu advogado, observando-se os seguintes aspectos sobre a assinatura do advogado, conforme de extraí do edital do XXVII Exame de Ordem:

3.5.8. Quando da realização das provas prático-profissionais, caso a peça profissional e/ou as respostas das questões discursivas exijam assinatura, o examinando deverá utilizar apenas a palavra "ADVOGADO...". Ao texto que contenha outra assinatura, será atribuída nota 0 (zero), por se tratar de identificação do examinando em local indevido.

Ou seja, na peça profissional o examinando deverá utilizar apenas a palavra ADVOGADO..., não podendo inventar nenhuma assinatura ou utilizar-se de nenhum outro nome.

Temos observado que, em muitos livros sobre prática trabalhista, inclusive em resolução de exercícios de exames de ordem, tem-se incluído a sigla OAB.../... Nº... ou OAB...

Cremos que essa prática não pode ser considerada como identificação pela organizadora do exame, até porque é uma prática normalmente utilizada por qualquer pessoa ou profissional após a aposição de sua assinatura. Nos espelhos das provas corrigidas de nossos alunos, essa prática tem sido aceita.

3.2 PRÁTICA DA RECLAMAÇÃO TRABALHISTA

A partir de agora, vamos colocar em prática todos os ensinamentos sobre as partes da reclamação trabalhista. Para tanto, iniciaremos pela leitura de nosso exercício.

EXERCÍCIO:

Pedro Henrique Silva, filho de Ana Silva, nascido em 23/02/1988, brasileiro, solteiro, inscrito no RG sob o n. 133.455, SSP/AP, CTPS n. 86321, série 051-AP, residente e domiciliado na Rua Alterosa, n. 51, Jardim Marco Zero, Macapá - AP, CEP - 68903-000, trabalha na **Farmácia Remédio Amargo Ltda.**, inscrita no CNPJ sob o n. 234.234.345/0001-01, com sede na Rua Joinville, n. 25, Jardim Marco Zero, Macapá - AP, CEP - 68903-000, desde 20/03/16, exercendo as funções de caixa, recebendo salário mensal de R$ 1.200,00 (mil e duzentos reais). Ocorre que, desde que começou a prestar serviços na mencionada farmácia, até hoje, Pedro Henrique nunca gozou férias. Por isso, Pedro Henrique lhe procurou, em seu escritório, para saber o que pode ser feito a seu favor, considerando-se que pretende gozar suas férias sem que tenha de rescindir seu contrato de trabalho. Nesse caso, você, que é advogado, cujo escritório

> está localizado na Rua Marco Zero, n. 71, Macapá, Jardim Marco Zero – AP, CEP – 68903-000, deverá identificar qual a solução judicial que pode ser buscada a favor de Pedro Henrique com base nos dados acima e elaborar a respectiva peça processual.

Tal como fizemos na parte teórica da reclamação trabalhista, vamos, agora, passo a passo, aplicar os requisitos da reclamação trabalhista à resolução do exercício. O primeiro passo, portanto é fazer o endereçamento.

1º PASSO: ENDEREÇAMENTO

Pelo que consta do exercício, o reclamante trabalhou na Farmácia Remédio Amargo Ltda. que está sediada no bairro Jardim Marco Zero, em Macapá, capital do Estado do Amapá. Considerando-se que em todas as capitais existem mais de uma vara do trabalho, logo, a reclamação trabalhista deverá ser entregue ao distribuidor, que fará o sorteio dela, para que seja posteriormente endereçada à respectiva vara do trabalho. Nesse sentido, estamos diante da 2ª hipótese, cuja redação deverá ser a seguinte:

> Excelentíssimo Senhor doutor Juiz do Trabalho da ... Vara do Trabalho de Macapá.
>
> ou
>
> Excelentíssimo Senhor Juiz do Trabalho da ... Vara do Trabalho de Macapá.
>
> ou
>
> Excelentíssimo Senhor doutor Juiz da ... Vara do Trabalho de Macapá.
>
> ou
>
> Excelentíssimo Senhor Juiz da ... Vara do Trabalho de Macapá.
>
> ou (com as ressalvas e críticas acima declinadas)
>
> Ao Juízo da ... Vara do Trabalho de Macapá.

Obs.: Nos padrões de resposta da FGV, verifica-se que não há a utilização do vocábulo *cidade* ou *comarca* no final do endereçamento, prática muito utilizada no dia a dia da advocacia trabalhista. Ou seja, veja que, na indicação do endereçamento mais adequado para o exame de ordem não se utilizou da expressão da Cidade de Macapá, utilizou-se, apenas, Vara do Trabalho de Macapá.

Outrossim, não nos esqueçamos de que os exemplos acima podem ser grafados em caixa alta.

2º PASSO: APRESENTAÇÃO

Voltando ao exercício acima mencionado, vamos elaborar a apresentação, ficando atento aos seguintes detalhes:

1º) Se faltar algum dado necessário, indique-o da forma como consta no edital, que, apenas para relembrar, no edital do XXVII exame de ordem consta que:

> 3.5.9. Na elaboração dos textos da peça profissional e das respostas às questões discursivas, o examinando deverá incluir todos os dados que se façam necessários, sem, contudo, produzir qualquer identificação ou informações além daquelas fornecidas e permitidas nos enunciados contidos no caderno de prova. Assim, o examinando deverá escrever o nome do dado seguido de reticências ou de "XXX" (exemplo: "Município...", "Data...", "Advogado...", "OAB...", "MunicípioXXX", "DataXXX", "AdvogadoXXX", "OABXXX" etc.). A omissão de dados que forem legalmente exigidos ou necessários para a correta solução do problema proposto acarretará em descontos na pontuação atribuída ao examinando nesta fase.

2º) Faça uma relação dos dados que deverão constar na apresentação da reclamação trabalhista, e que são os seguintes:

- Nome do Reclamante: Pedro Henrique Silva.
- Nome da mãe do Reclamante: Ana Silva.
- Data de nascimento do Reclamante: 23/02/1988.
- Nacionalidade do Reclamante: brasileiro.
- Estado civil do Reclamante: solteiro.
- União estável: não informado.
- Profissão do Reclamante: caixa.
- RG do Reclamante: 133.455, SSP/AP.
- CPF do Reclamante: não informado.
- CTPS do Reclamante: 86321, série 051-AP.
- PIS do Reclamante: não informado.

- Domicílio e endereço do Reclamante: Rua Alterosa, n. 51, Jardim Marco Zero, Macapá – AP. CEP – 68903-000.
- Endereço eletrônico do Reclamante: não informado.
- Endereço onde o advogado recebe notificações: não informado.
- Endereço eletrônico do advogado do Reclamante: não informado.
- Denominação da Reclamada: Farmácia Remédio Amargo Ltda.
- Natureza jurídica da Reclamada: pessoa jurídica de direito privado.
- CNPJ da Reclamada: 234.234.345/0001-01.
- Endereço da Reclamada: Rua Joinville, n. 25, Jardim Marco Zero, Macapá – AP. CEP – 68903-000.
- Classificação Nacional da Atividade Econômica (CNAE) da Reclamada: não informado.
- Fundamento jurídico da peça processual: arts. 840, §1º, da CLT e 319, do CPC, aplicado subsidiariamente por força dos arts. 15, do CPC e 769, da CLT.
- "Nome" da peça processual: Reclamação Trabalhista.
- Procedimento: sumaríssimo.

Pratique! Após você fazer e refazer algumas vezes essa apresentação, você não terá mais dificuldades de fazê-la novamente.

Passemos, agora, finalmente, à apresentação:

(10 linhas)

Pedro Henrique Silva, filho de Ana Silva, nascido em 23/02/1988, brasileiro, solteiro, união estável..., caixa, inscrito no RG sob o n. 133.455. SSP/AP, CPF..., CTPS n. 86321, série 051-AP, PIS..., residente e domiciliado na Rua Alterosa, n. 51, Jardim Marco Zero, Macapá – AP, CEP 68903-000, endereço eletrônico..., vem, por meio de seu advogado abaixo assinado (procuração anexa), cujo escritório está localizado na Rua..., nº..., Bairro..., Cidade..., Município..., Estado..., CEP..., endereço eletrônico..., para onde protesta sejam encaminhadas eventuais notificações, propor, com fundamento nos arts. 840, § 1º, da CLT e 319, do CPC, aplicado subsidiariamente por força dos arts. 15, do CPC e 769, da CLT,

RECLAMAÇÃO TRABALHISTA

SUJEITA AO PROCEDIMENTO SUMARÍSSIMO

em face de **Farmácia Remédio Amargo Ltda.**, pessoa jurídica de direito privado, inscrita no CNPJ sob o n. 234.234.345/0001-01, Classificação Nacional de Atividade Econômica..., com sede na Rua Joinville, n. 25, Jardim Marco Zero, Macapá - AP, CEP - 68903-000, endereço eletrônico..., pelos fundamentos de fato e de direito que passa a expor:

Observações:

1ª) Acima foi utilizada a forma como determinada pelo edital do exame de ordem: quando não foi possível se obter os dados no exercício, como ocorreu com o CPF e o PIS do Reclamante e o Endereço onde o advogado recebe notificações, acrescentamos reticências. Poderão ser utilizados XXX, em vez de reticências.

2ª) Na prática forense, não se inclui, na maioria das petições, o endereço onde o advogado recebe intimações, conforme determina do art. 77, V, do CPC, sob o argumento de que o endereço do advogado já consta da procuração ou se encontra no rodapé da petição inicial. Contudo, há duas considerações a serem feitas: na prova do exame de ordem, não há rodapé na folha de resposta e também não há procuração. Portanto, como o citado art. 77, V do CPC, impõe que o advogado informe seu endereço na petição inicial, incluímos o endereço do advogado no exercício.

3ª) A redação da apresentação, bem como de toda petição inicial, depende do estilo do acadêmico. Ou seja, o nome do reclamante e/ou do reclamado poderá (ão) ficar em negrito ou não; assim como "nome" da ação, que também poderá ficar no meio da folha ou não, em negrito ou não, sublinhado ou não... Além disso, se o acadêmico quiser, poderá deixar toda a apresentação unida, como, por exemplo, se houver a junção de todos os dados da apresentação acima:

(10 linhas)

Pedro Henrique Silva, filho de Ana Silva, nascido em 23/02/1988, brasileiro, solteiro, união estável..., caixa, inscrito no RG sob o n. 133.455. SSP/AP, CPF..., CTPS n. 86321, série 051-AP, PIS..., residente e domiciliado na Rua Alterosa, n. 51, Jardim Marco Zero, Macapá - AP, CEP 68903-000, endereço eletrônico..., vem, por meio de seu advogado abaixo assinado (procuração anexa), cujo escritório está localizado na

Rua..., nº..., Bairro..., Cidade..., Município..., Estado..., CEP..., endereço eletrônico..., para onde protesta sejam encaminhadas eventuais notificações, propor, com fundamento nos arts. 840, § 1º, da CLT e 319, do CPC, aplicado subsidiariamente por força do arts. 15, do CPC e 769, da CLT, reclamação trabalhista, sujeita ao procedimento sumaríssimo, em face de Farmácia Remédio Amargo Ltda., pessoa jurídica de direito privado, inscrita no CNPJ sob o n. 234.234.345/0001-01, Classificação Nacional de Atividade Econômica..., com sede na Rua Joinville, n. 25, Jardim Marco Zero, Macapá – AP, CEP – 68903-000, endereço eletrônico..., pelos fundamentos de fato e de direito que passa a expor:

Veja-se que retiramos todos os espaços e negritos da apresentação. Portanto, trata-se de questão de estilo. E aí cada um tem o seu. O que não pode faltar são os dados essenciais. Não se esqueça: o estilo é seu, prezado examinando.

3º PASSO: COMISSÃO DE CONCILIAÇÃO PRÉVIA – CPP

O exercício não faz qualquer alusão à CCP. Logo, nada deverá constar do corpo da petição sobre comissão de conciliação prévia.

4º PASSO: CAUSA DE PEDIR

Passemos, então, a pôr em prática a causa de pedir: relatar os fatos, os fundamentos jurídicos do pedido e os respectivos fundamentos legais, uma vez que, para o exame de ordem, podemos dizer que a causa de pedir pode ser representa na seguinte fórmula:

- Causa de pedir: fatos + fundamentos jurídicos do pedido + fundamento legal + posicionamento jurisprudencial do TST, se houver.

Procure elencar todos os fatos, fundamentos jurídicos do pedido, fundamentos legais e jurisprudências em parágrafos não muito longos, pois, apesar de não haver nenhuma norma técnica na língua portuguesa que impeça parágrafos longos, eles podem cansar o leitor e, nesse caso, provavelmente cansará o examinador.

Identifique separadamente cada uma dos elementos da causa de pedir, com base nos dados do exercício:

- Fatos: Pedro Henrique trabalhou de 20/03/16 até a presente data – 16/10/18 – sem que jamais o empregador lhe tivesse concedido férias. Sempre recebeu salário de R$ 1.200,00 (mil e duzentos reais) e não pretende rescindir seu contrato de trabalho. São esses os fatos!
- Nessa hipótese, o que prevê o direito? Primeiro, poder-se-ia pensar em alegar que o empregador não estaria cumprindo com seu dever, ou seja, não estaria cumprindo adequadamente o contrato de trabalho, portanto, poderia se pleitear a dispensa indireta, com fundamento no art. 483, c, da CLT. Ocorre que, esse pensamento não é possível nesse exercício pelo que consta de sua parte final: "que pretende gozar suas férias **sem que tenha de rescindir seu contrato de trabalho**", logo, descartada a possibilidade de rescisão indireta. Resta, então, a solução prevista no art. 137 da CLT e seus parágrafos, que estabelecem o seguinte:

Sempre que as férias forem concedidas após o prazo de que trata o artigo 134, o empregador pagará em dobro a respectiva remuneração.

> § 1º Vencido o mencionado prazo sem que o empregador tenha concedido as férias, o empregado poderá ajuizar reclamação pedindo a fixação, por sentença, da época de gozo das mesmas.
>
> § 2º A sentença cominará pena diária de cinco por cento do salário mínimo, devida ao empregado até que seja cumprida.
>
> § 3º Cópia da decisão judicial transitada em julgado será remetida ao órgão local do Ministério do Trabalho, para fins de aplicação da multa de caráter administrativo.

Ora, como as férias não foram concedidas no prazo do período concessivo, que seria de 20/03/17 a 19/03/18, o empregado tem direito de pedir que o juiz do trabalho fixe o período no qual poderá gozar suas férias e deverá impor que o empregador pague-as em dobro, impondo multa diária em caso de descumprimento da ordem judicial.

Assim, temos:

- Fato: já relatado acima.

- Fundamento jurídico: a obrigação de o empregador conceder as férias ao empregado e de pagá-las em dobro;
- Fundamento legal: art. 7º XVII da CF/88 c/c 137 da CLT.
- Fundamento jurisprudencial: OJ SDI-I do TST n. 386.

Então, nossa causa de pedir poderá ficar assim:

1. O Reclamante foi contratado pela reclamada, para exercer as funções de caixa, em 20/03/16, recebendo sempre o salário de R$ 1.200,00 (mil e duzentos reais).
2. Ocorre que até o presente momento a reclamada não lhe concedeu as férias relativas ao primeiro período aquisitivo – 20/03/16 a 19/03/17, apesar de já ter se esgotado o prazo do período concessivo – 20/03/17 a 19/03/18, descumprindo, portanto, a obrigação prevista no art. 134, da CLT.
3. Desse modo, tem o Reclamante direito à fixação de suas férias por sentença e que a Reclamada seja condenada a pagá-las em dobro, com acréscimo de 1/3, nos termos do art. 7º XVII da CF/88 c/c 137 da CLT e OJ n. 386, da SDI-I, do TST.

5º PASSO: PEDIDO

Em termos bem simples, pode-se dizer que o pedido é consequência lógica da causa de pedir. Se digo que um fato ocorreu e que em função desse fato decorreu algum direito que não foi espontaneamente cumprido por quem deveria tê-lo cumprido, logo, peço o cumprimento desse direito.

No processo do trabalho, a regra é a de que sejam feitos vários pedidos, como no exemplo que estamos trabalhando. Assim, dando continuidade à resolução de nosso exercício, teremos os seguintes pedidos:

Isto posto, pede:

a) Que se digne Vossa Excelência fixar, por sentença, a época para que o Reclamante possa gozar suas férias relativas ao período aquisitivo de 20/03/16 a 19/03/17;

b) Que imponha multa diária à reclamada em caso de descumprimento da decisão deste juízo e, finalmente,

c) Que condene a Reclamada ao pagamento em dobro das férias, acrescidas de 1/3 do valor normal, no montante de R$ 3.200,00 (três mil e duzentos reais).

Obs.: os pedidos deverão ser feitos separadamente da causa de pedir. A causa de pedir é uma coisa e outra completamente diferente são os pedidos. Portanto, não confunda: a causa de pedir deverá estar em uma parte da petição e os pedidos em outra parte para que não haja confusão entre esses requisitos.

Além disso, há a necessidade de se atribuir valor aos pedidos condenatórios, como fizemos acima. O cálculo, neste caso, é simples: pega-se o valor do salário do empregado (R$ 1.200,00), multiplica-se por 2 (férias em dobro – R$ 1.200,00 × 2 = R$ 2.400,00) e soma-se 1/3 (R$ 800,00), que teremos R$ 3.200,00.

6º PASSO: REQUERIMENTOS

Após os pedidos, vêm os requerimentos.

Inicialmente, deve-se deixar claro que pedidos e requerimentos na língua portuguesa são vocábulos sinônimos. Portanto, não há, em princípio, diferença entre essas expressões.

Contudo, processualmente, esses termos ganham sentidos distintos: pedido representa o bem da vida perseguido por meio do processo, é a providência jurisdicional almejada; enquanto que requerimento significa providências de ordem estritamente processual.

Na reclamação trabalhista, os requerimentos são de três espécies: provas; gratuidade de justiça se for o caso, e requerimentos finais.

1º) Requerimento para produção de provas:

Neste requerimento, faz-se a solicitação de autorização para produção das provas que o reclamante entende necessárias. Contudo, na prática, tem-se utilizado requerimento genérico, como o seguinte:

> Seja deferida ao reclamante a possibilidade de produção de todas as provas em direito admitidas, especialmente que seja a Reclamada notificada para prestar depoimento pessoal, sob pena de confissão (súmula 74, do TST), além de oitiva de testemunhas, prova pericial e inspeção judicial, caso sejam necessárias.

2º) Requerimento de concessão de justiça gratuita:

Se, por acaso, no exercício for feita alusão ao fato de que o Reclamante encontra-se desempregado e sem condições de arcar com as despesas processuais, impõe-se que o examinando faça o requerimento de concessão de gratuidade de justiça, que poderá ficar assim:

Requer sejam concedidos ao Reclamante os benefícios da justiça gratuita uma vez que não tem condições de arcar com as despesas do processo, sem prejuízo de seu próprio sustento e de sua família.

3º) Requerimentos finais:

Finalmente, para encerrar a parte dos requerimentos, não se esqueça de requerer a procedência do pedido (ou dos pedidos) acrescido (s) de juros e correção monetária; condenação em custas processuais e em honorários advocatícios.

Por fim, requer sejam julgados totalmente procedentes os pedidos acima arrolados acrescidos de juros e correção monetária, condenando-se, ainda, a Reclamada ao pagamento das custas processuais e de honorários advocatícios.

7º PASSO: VALOR DA CAUSA

Deve-se atribuir valor à causa de acordo com o total dos valores decorrentes dos pedidos condenatórios, se os valores forem indicados no exercício, como no exemplo citado. Caso não sejam indicados, deve-se utilizar reticências após o R$...

Para que os cálculos do exercício sejam feitos, vamos relembrar quais foram os pedidos:

a) Que se digne Vossa Excelência fixar, por sentença, a época para que o Reclamante possa gozar suas férias relativas ao período aquisitivo de 20/03/16 a 19/03/17;
b) Que imponha multa diária à reclamada em caso de descumprimento da decisão deste juízo e, finalmente,
c) Que condene a Reclamada ao pagamento em dobro das férias, acrescidas de 1/3 do valor normal, no montante de R$ 3.200,00 (três mil e duzentos reais).

Entre os pedidos acima, apenas o pedido do item c pode servir para o cálculo do valor da causa, pois somente ele é condenatório em valor específico, e, portanto, somente dele podem ser extraídos os valores que formarão o valor da causa.

Logo, no exercício, o valor da causa será de R$ 3.200,00 (três mil e duzentos reais), podendo ficar assim a sua redação:

Atribui à causa o valor de R$ 3.200,00 (três mil e duzentos reais).

8º PASSO: ENCERRAMENTO

Finalmente, nesse último passo, deve-se incluir o pedido de deferimento, o local e a data da elaboração da reclamação trabalhista e o termo ADVOGADO..., ficando assim:

> Nesses termos, pede deferimento.
>
> Local..., Data...
>
> ADVOGADO...
>
> OAB...

Obs.: o edital não informa se poderá ser utilizada a data em que a prova está sendo aplicada, nem se o examinando pode incluir como local, o local onde faz a prova. Portanto, deve-se deixar assim, pois atende ao que diz o edital no que se refere à falta de dados essenciais da peça processual, salvo se informações detalhadas constarem do exercício.

3.3 A RECLAMAÇÃO TRABALHISTA PRONTA

Excelentíssimo Senhor Juiz do Trabalho da ... Vara do Trabalho de Macapá.

(10 linhas)

Pedro Henrique Silva, filho de Ana Silva, nascido em 23/02/1988, brasileiro, solteiro, união estável..., caixa, inscrito no RG sob o n. 133.455. SSP/AP, CPF..., CTPS n. 86321, série 051-AP, PIS..., residente e domiciliado na Rua Alterosa, n. 51, Jardim Marco Zero, Macapá - AP, CEP 68903-000, endereço eletrônico..., vem, por meio de seu advogado abaixo assinado, cujo escritório está localizado na Rua..., nº..., Bairro..., Cidade..., Município..., Estado..., CEP... e endereço eletrônico... (procuração anexa), para onde protesta sejam encaminhadas eventuais intimações, propor, com fundamento nos arts. 840, § 1º, da CLT e 319, do CPC, aplicado subsidiariamente por força dos arts. 15, do CPC e 769, da CLT,

RECLAMAÇÃO TRABALHISTA
SUJEITA AO PROCEDIMENTO SUMARÍSSIMO

em face de **Farmácia Remédio Amargo Ltda.**, pessoa jurídica de direito privado, inscrita no CNPJ sob o n. 234.234.345/0001-01, Classificação Nacional da Atividade Econômica..., com sede na Rua Joinville, n. 25, Jardim Marco Zero, Macapá – AP, CEP – 68903-000, correio eletrônico..., pelos fundamentos de fato e de direito que passa a expor:

1 – O Reclamante foi contratado pela reclamada, para exercer as funções de caixa, em 20/03/16, recebendo sempre o salário de R$ 1.200,00 (mil e duzentos reais);

2 – Ocorre que, até o presente momento, a reclamada não lhe concedeu as férias relativas ao primeiro período aquisitivo – 20/03/16 a 19/03/17, apesar de já ter se esgotado o prazo do período concessivo – 20/03/17 a 19/03/18, descumprindo, portanto, a obrigação prevista no art. 134, da CLT.

3 – Desse modo, tem o Reclamante direito à fixação de suas férias por sentença e que a Reclamada seja condenada a pagá-las em dobro, com acréscimo de 1/3, nos termos do art. 7º XVII da CF/88 c/c 137 da CLT e da OJ n. 386, da SDI-I, do TST.

Isto posto, pleiteia:

Que se digne Vossa Excelência fixar, por sentença, a época para que o Reclamante possa gozar suas férias relativas ao período aquisitivo de 20/03/16 a 19/03/17;

Que imponha multa diária à reclamada em caso de descumprimento da decisão deste juízo, e, finalmente,

Que condene a Reclamada ao pagamento em dobro das férias, acrescidas de 1/3 do valor normal, no montante de R$ 3.200,00 (três mil e duzentos reais).

Requer, ainda, que:

Seja deferida ao reclamante a possibilidade de produção de todas as provas em direito admitidas, especialmente que seja a Reclamada notificada para prestar depoimento pessoal, sob pena de confissão (súmula 74, do TST), além de oitiva de testemunhas, prova pericial e inspeção judicial, caso sejam necessárias.

Sejam julgados totalmente procedentes os pedidos acima arrolados acrescidos de juros e correção monetária, condenando-se, ainda, a reclamada ao pagamento das custas processuais e de honorários advocatícios.

Atribui à causa o valor de R$ 3.200,00 (três mil e duzentos reais).

Nesses termos, pede deferimento.

Local..., Data...

ADVOGADO...

OAB...

3.4 A RECLAMAÇÃO TRABALHISTA PRONTA NO MODELO "DOS FATOS E DO DIREITO"

EXCELENTÍSSIMO SENHOR JUIZ DO TRABALHO DA ... VARA DO TRABALHO DE MACAPÁ.

(10 linhas)

Pedro Henrique Silva, filho de Ana Silva, nascido em 23/02/1988, brasileiro, solteiro, união estável..., caixa, inscrito no RG sob o n. 133.455. SSP/AP, CPF..., CTPS n. 86321, série 051-AP, PIS..., residente e domiciliado na Rua Alterosa, n. 51, Jardim Marco Zero, Macapá - AP, CEP 68903-000, endereço eletrônico..., vem, por meio de seu advogado abaixo assinado, cujo escritório está localizado na Rua..., nº..., Bairro..., Cidade..., Município..., Estado..., CEP... e endereço eletrônico... (procuração anexa), para onde protesta sejam encaminhadas eventuais intimações, propor, com fundamento nos arts. 840, § 1º, da CLT e 319, do CPC, aplicado subsidiariamente por força dos arts. 15, do CPC e 769, da CLT,

RECLAMAÇÃO TRABALHISTA

SUJEITA AO PROCEDIMENTO SUMARÍSSIMO

em face de **Farmácia Remédio Amargo Ltda.**, pessoa jurídica de direito privado, inscrita no CNPJ sob o n. 234.234.345/0001-01, Classificação Nacional da Atividade Econômica..., com sede na Rua Joinville, n. 25, Jardim Marco Zero, Macapá - AP, CEP - 68903-000, correio eletrônico..., pelos fundamentos de fato e de direito que passa a expor:

DOS FATOS

1 - O Reclamante foi contratado pela reclamada, para exercer as funções de caixa, em 20/03/16, recebendo sempre o salário de R$ 1.200,00 (mil e duzentos reais);

2 - Ocorre que, até o presente momento, a reclamada não lhe concedeu as férias relativas ao primeiro período aquisitivo - 20/03/16 a 19/03/17.

DO DIREITO

3 - Dispõe o art. 134, da CLT que "As férias serão concedidas por ato do empregador, em um só período, nos 12 (doze) meses subsequentes à data em que o empregado tiver adquirido o direito". Desse modo, a Reclamada deveria ter concedido as férias ao Reclamante até o dia 19/03/18, data limite do término do período concessivo - 20/03/17 a 19/03/18, relativo ao período aquisitivo 20/03/16 a 19/03/17.

4 - Estando em mora a Reclamada, incidem no caso o disposto no art. 137, e seus parágrafos da CLT que assim dispõem:

> Sempre que as férias forem concedidas após o prazo de que trata o artigo 134, o empregador pagará em dobro a respectiva remuneração.

§ 1º. Vencido o mencionado prazo sem que o empregador tenha concedido as férias, o empregado poderá ajuizar reclamação pedindo a fixação, por sentença, da época de gozo das mesmas.

§ 2º. A sentença cominará pena diária de cinco por cento do salário mínimo, devida ao empregado até que seja cumprida.

§ 3º. Cópia da decisão judicial transitada em julgado será remetida ao órgão local do Ministério do Trabalho, para fins de aplicação da multa de caráter administrativo.

5 – Ora excelência, o que se verifica no caso em apreço é que a Reclamada não cumpriu o mandamento celetista. Por isso, tem o Reclamante direito à fixação de suas férias por sentença e que a Reclamada seja condenada a pagá-las em dobro, nos termos do art. 137 da CLT.

6 – Além disso, o art. 7º, XVII, da CF/88, garante ao empregado o "gozo de férias anuais remuneradas com, pelo menos, um terço a mais do que o salário normal", acréscimo esse que deverá integrar também a dobra do valor a ser pago a título de férias anuais remuneradas ao Reclamante. Nesse sentido, dispõe a OJ nº 368, da SDI-1, do TST que

> É devido o pagamento em dobro da remuneração de férias, incluído o terço constitucional, com base no art. 137 da CLT, quando, ainda que gozadas na época própria, o empregador tenha descumprido o prazo previsto no art. 145 do mesmo diploma legal

DOS PEDIDOS

Diante de todo o exposto, pleiteia:

Que se digne Vossa Excelência fixar, por sentença, a época para que o Reclamante possa gozar suas férias relativas ao período aquisitivo de 20/03/16 a 19/03/17;

Que imponha multa diária à reclamada em caso de descumprimento da decisão deste juízo, e, finalmente,

Que condene a Reclamada ao pagamento em dobro das férias, acrescidas de 1/3 do valor normal, no montante de R$ 3.200,00 (três mil e duzentos reais).

REQUERIMENTOS PROCESSUAIS

Requer, ainda, que:

Seja deferida ao reclamante a possibilidade de produção de todas as provas em direito admitidas, especialmente que seja a Reclamada notificada para prestar depoimento pessoal, sob pena de confissão (súmula 74, do TST), além de oitiva de testemunhas, prova pericial e inspeção judicial, caso sejam necessárias.

Sejam julgados totalmente procedentes os pedidos acima arrolados acrescidos de juros e correção monetária, condenando-se, ainda, a reclamada ao pagamento das custas processuais e de honorários advocatícios.

VALOR DA CAUSA

Atribui à causa o valor de R$ 3.200,00 (três mil e duzentos reais).

ENCERRAMENTO

Nesses termos, pede deferimento.

Local..., Data...

ADVOGADO...

OAB...

4

Ação de Consignação em Pagamento

A consignação em pagamento é um instituto do direito material. É uma das formas de extinção das obrigações previstas no Código Civil. Dispõe o art. 334, do CC, que "Considera-se pagamento, e extingue a obrigação, o depósito judicial ou em estabelecimento bancário da coisa devida, nos casos e forma legais".

Nesse sentido, a consignação em pagamento terá lugar nas seguintes hipóteses, nos termos do art. 335, do CC:

> I – se o credor não puder, ou, sem justa causa, recusar receber o pagamento, ou dar quitação na devida forma;
>
> II – se o credor não for, nem mandar receber a coisa no lugar, tempo e condição devidos;
>
> III – se o credor for incapaz de receber, for desconhecido, declarado ausente, ou residir em lugar incerto ou de acesso perigoso ou difícil;
>
> IV – se ocorrer dúvida sobre quem deva legitimamente receber o objeto do pagamento;
>
> V – se pender litígio sobre o objeto do pagamento.

Giglio e Corrêa entendem cabíveis as hipóteses acima de consignação em pagamento nas seguintes situações decorrentes da relação de trabalho:[1]

> Adaptando-se às relações de trabalho as hipóteses de consignação em pagamento previstas no direito comum, é possível arrolar os seguintes

[1] GIGLIO, Wagner D.; CORRÊA, Claudia Giglio Veltri. *Direito Processual do Trabalho.* 16 ed. São Paulo: Saraiva, 2007. p. 315.

> casos, mais frequentes, de cabimento dessa ação: 1) quando o trabalhador, sem motivo justo, se recusar a receber o pagamento do salário, ou das verbas decorrentes da rescisão contratual, ou a dar a respectiva quitação (novo CC, art. 335, I); 2) quando o trabalhador deixa de comparecer ao local de trabalho (CLT, art. 465) para receber seus salários, ou ao sindicato ou a "autoridade do Ministério do Trabalho" (CLT, art. 477, § 1º), para homologar a rescisão contratual (*idem*, inc. II); 3) quando o trabalhador for declarado ausente, ou falecer deixando saldo de salário e seus herdeiros forem desconhecidos e quando o trabalhador se tornar legalmente incapaz (*idem*, inc. III); 4) quando, embora conhecidos, houver litígio entre os herdeiros do trabalhador falecido sobre o direito ao saldo de salário (*idem*, inc. IV); 5) quando houver litígio entre o trabalhador e pessoa que seja seu credor por alimentos (*idem*, inc. V).

Se for, portanto, hipótese de se fazer a consignação em pagamento, deverá o devedor se utilizar da ação de consignação em pagamento, que é o instrumento processual por meio do qual o devedor fará a consignação em pagamento.

Desse modo, a ação de consignação em pagamento é o instrumento processual hábil para se pôr em prática o direito do devedor de se livrar de uma obrigação, para que não tenha de arcar com os acessórios, ou seja, com os juros e correção monetária das verbas trabalhistas devidas, conforme se extrai da parte final do art. 540, do CPC, e, em especial, na seara trabalhista, da multa prevista no art. 477, § 8º, da CLT. É nesse sentido que dispõe o *caput* do art. 539, do CPC: "**Nos casos previstos em lei**, poderá o devedor ou terceiro requerer, com efeito de pagamento, a consignação da quantia ou da coisa devida" [grifo nosso].

Em se tratando de obrigação em dinheiro, há duas espécies de consignação em pagamento previstas no CPC: a judicial e a extrajudicial. Neste trabalho, devido a sua natureza, somente se tratará da consignação judicial.

Pois bem, a consignação judicial terá lugar nas hipóteses acima aventadas do art. 335, do CC, desde que decorrente de uma relação de trabalho, devendo, então, o devedor dirigir-se à Justiça do Trabalho por meio de uma petição inicial, que deverá conter todos os requisitos normais da petição inicial, previstos no art. 319, do CPC, e alguns específicos previstos no art. 542, também do CPC, uma vez que a CLT é omissa sobre o assunto e as normas do CPC são compatíveis com o processo do trabalho, consoante autorizam os arts. 15, do CPC e 769, da CLT.

Nesse sentido, dispõe o art. 1º, da Instrução Normativa n. 27, do TST, que:

> As ações ajuizadas na Justiça do Trabalho tramitarão pelo rito ordinário ou sumaríssimo, conforme previsto na Consolidação das Leis do Trabalho, excepcionando-se, apenas, as que, por disciplina legal expressa, estejam sujeitas a rito especial, tais como o Mandado de Segurança, Habeas Corpus, Habeas Data, Ação Rescisória, Ação Cautelar e **Ação de Consignação em Pagamento** [grifo nosso].

4.1 ELEMENTOS DA PETIÇÃO DA AÇÃO DE CONSIGNAÇÃO EM PAGAMENTO

Seguindo o mesmo método adotado para a elaboração da reclamação trabalhista, a petição inicial da ação de consignação em pagamento será dividida em 07 partes: endereçamento; apresentação; causa de pedir; pedido; requerimentos processuais; valor da causa e encerramento. Vejamos cada um deles, observando-se, contudo, que, quase tudo o que ficou consignado sobre a reclamação trabalhista vale para os elementos da ação de consignação em pagamento passando-se apenas a expor as considerações específicas sobre esses elementos.

4.1.1 Endereçamento

A competência para o julgamento da ação de consignação em pagamento encontra-se especificada no art. 540, do CPC, que assim dispõe: "Requerer-se-á a consignação no lugar do pagamento...".

Portanto, a ação de consignação em pagamento deverá ser proposta no local onde o empregado prestava serviços ao seu empregador. Assim, será endereçada ao juiz do trabalho da localidade onde ultimamente tenha o empregado prestado serviços a seu empregador.

4.1.2 Apresentação

A diferença básica em relação à reclamação trabalhista é a de que na ação de consignação em pagamento é o empregador, em regra, o seu autor, chamado especificamente de consignante, e o empregado passará a ser o réu, chamado de consignado ou consignatário.

Outrossim, os fundamentos legais da ação serão os arts. 319 e 539 a 549, do CPC, aplicados subsidiariamente por força dos arts. 15, do CPC e 769, da CLT.

Por fim, o "nome" da ação será: ação de consignação em pagamento.

4.1.3 Causa de Pedir

No que tange à causa de pedir, não há qualquer distinção entre os ensinamentos anteriormente mencionados quando se tratou da reclamação trabalhista, salvo quanto à especificidade desta ação que somente poderá ser utilizada diante de um fato que impede o devedor de se livrar de sua obrigação.

4.1.4 Pedido

O pedido, na ação de consignação em pagamento é específico. Assim, nos termos do inciso I, do art. 542, do CPC:

> O autor, na petição inicial, requererá:
>
> I – o depósito da quantia ou da coisa devida, a ser efetivado no prazo de cinco dias contado do deferimento, ressalvada a hipótese do § 3º do artigo 890.

Ou seja, o consignante deverá requerer ao juiz que autorize seja feito o depósito da quantia ou da coisa a ser consignada.

Além disso, deverá ser pedida pelo autor a declaração de cumprimento da obrigação, tendo em vista que, se o autor cumular outros pedidos, a ação de consignação perderá sua natureza de procedimento especial.[2]

---

2 "O que se precisa ter em mente é que a pretensão manifestada na demanda de consignação em pagamento é de declaração da extinção, pelo depositário, da obrigação. Assim sendo, qualquer outra discussão que venha a surgir no curso do processo, a respeito da existência e modo de ser da obrigação, será resolvida na fundamentação da sentença, e não em sua parte dispositiva (não alcançando, portanto, a autoridade de coisa julgada substancial). O juiz não decidirá, no processo da "ação de consignação em pagamento", a respeito destas outras questões, mas delas, tão-somente,

4.1.5 Requerimentos processuais

Aqui também há uma diferença decorrente do inciso II, do art. 893, do CPC, que assim preceitua:

> O autor, na petição inicial, requererá:
>
> [...]
>
> II - a citação do réu para levantar o depósito ou oferecer resposta.

Portanto, diferentemente da reclamação trabalhista, na ação de consignação em pagamento, o requerimento de citação é obrigatório e deverá conter a seguinte possibilidade de escolha: levantar o depósito, que provocará a quitação dos valores que o reclamante tenha a receber, ou apresentar sua defesa, contestando a ação.

4.1.6 Valor da Causa

O valor da causa na ação de consignação de pagamento será o do valor total das verbas trabalhistas que se pretende consignar.

4.1.7 Encerramento

Idem quanto à reclamação trabalhista.

4.2 PRÁTICA DA AÇÃO DE CONSIGNAÇÃO EM PAGAMENTO

Vamos colocar em prática o que foi desenvolvido acima:

<u>EXERCÍCIO:</u>

Armando da Silva foi contratado pela **Padaria Delícias do Pão Ltda.** em 10/01/17, para exercer as funções de balconista. Em 13/01/18, **Armando** foi dispensado sem justa causa, tendo sido informado de que não precisaria cumprir o aviso prévio. Portanto, seu empregador marcou a data de 22/01/18, às 10h00, para que **Armando** comparecesse à empresa

---

para a formação de seu convencimento acerca da procedência ou improcedência da pretensão liberatória manifestada pelo demandante" (CÂMARA, Alexandre Freitas. Lições de Direito Processual Civil. Rio de Janeiro: Lumen Juris, 2008. v. III, p. 278).

para receber suas verbas rescisórias, tendo este, inclusive, exarado sua ciência na cópia do comunicado escrito que lhe foi entregue por seu empregador, no qual constava, também, que deveria entregar sua CTPS na seda da empresa até o dia 19/01/18 para que esta pudesse proceder à respectiva baixa. Armando não foi mais à empresa e não compareceu no dia marcado para receber as verbas decorrentes de sua rescisão contratual.

Com o objetivo de se ver livre de sua obrigação e considerando-se a situação acima, como advogado da **Padaria Delícias do Pão Ltda.** elabore a peça processual que atenda ao interesse de seu cliente.

1º PASSO: ENDEREÇAMENTO

O exercício não diz o endereço da empresa, logo:

EXCELENTÍSSIMO SENHOR JUIZ DO TRABALHO DA VARA DO TRABALHO DE...

2º PASSO: APRESENTAÇÃO

Observe que o exercício não informa quase nenhum dado nem do empregado nem do empregador, logo, estes deverão estar seguidos de reticências ou XXX.

(10 linhas)

Padaria Delícias do Pão Ltda., pessoa jurídica de direito privado, inscrita no CNPJ sob o nº..., Classificação Nacional da Atividade Econômica..., localizada na Rua..., nº..., Bairro..., Cidade..., Estado..., CEP..., endereço eletrônico..., vem, por intermédio de seu advogado que a esta subscreve, cujo escritório está localizado na Rua..., nº..., Bairro..., Cidade..., Estado..., CEP..., endereço eletrônico..., (procuração anexa), para onde protesta sejam encaminhadas eventuais intimações, propor, com fundamento nos arts. 319 e 539 a 549, do CPC, aplicados subsidiariamente por força dos arts. 15, do CPC e 769, da CLT,

AÇÃO DE CONSIGNAÇÃO EM PAGAMENTO

em face de **Armando da Silva**, Filho de..., Nascido em..., Nacionalidade..., Estado Civil..., União Estável..., balconista, inscrito no RG sob o nº..., CPF nº..., CTPS nº..., Série..., PIS..., residente e domiciliado na Rua..., nº..., Bairro..., Cidade..., Estado..., CEP..., endereço eletrônico..., baseado nos motivos de fato e de direito que passa a expor:

3º PASSO: CAUSA DE PEDIR

Lembre-se da equaçãozinha: fatos + fundamentos jurídicos do pedido + fundamentos legais e fundamentos jurisprudenciais se houver.

1) O Consignatário foi contratado aos serviços da Consignante para exercer as funções de balconista em 10/01/17.

2) O Consignatário foi dispensado pela Consignante em 13/01/18, sem justa causa, com aviso prévio indenizado.

3) Por isso, a Consignante solicitou que o Consignatário entregasse ao departamento de pessoal da empresa sua CTPS até o dia 19/01/18 para que fosse procedida a baixa em sua CTPS e que comparecesse no dia 22/01/18, às 10h00, à sede da empresa para receber suas verbas rescisórias, tudo conforme comprova o documento anexo com a ciência do Consignatário.

4) Ocorre, no entanto, que o Consignatário não levou a CTPS na sede da empresa nem compareceu no dia e hora marcados para receber suas verbas rescisórias. Assim, a Consignante vem efetuar o depósito judicial dos valores relativos às verbas rescisórias do Consignatário, conforme determina os arts. 335, do CC e 539, *caput*, do CPC, aplicáveis subsidiariamente ao direito e ao processo do trabalho, por força dos arts. 8º e 769, da CLT.

4º PASSO: PEDIDOS

Diante do exposto, pleiteia:

Que seja autorizado, por este Juízo, o depósito dos valores relativos às seguintes verbas rescisórias do Consignatário: saldo de salários de 11 dias, no valor de R$....; aviso prévio indenizado de 33 dias, no importe de R$...; férias vencidas simples acrescidas do terço constitucional, no montante de R$...; férias proporcionais de 1/12 acrescidas do terço constitucional, no valor de R$... e décimo terceiro salário proporcional de 1/12, no montante de R$...,, bem como das guias destinadas a possibilitar que o Consignatário possa dar entrada no pedido de seguro desemprego e requerer o levantamento do FGTS junto à CEF, declarando-se, ao final, extintas as obrigações da Consignante.

5º PASSO: REQUERIMENTOS

<u>De citação:</u>

Requer ainda que,

Seja o Consignatário citado para comparecer à audiência a ser designada por este Juízo para, aceitando os valores consignados, levantar o depósito e receber a documentação consignada e dar de tudo quitação ou apresentar sua defesa, sob pena de revelia e confissão;

De produção de provas:

Seja deferida à Consignante a possibilidade de produzir todas as provas em direito admitidas, especialmente o depoimento do Consignatário, sob pena de confissão (súmula 74, do TST), oitiva de testemunhas, prova pericial e inspeção judicial, caso se verifiquem necessárias no decorrer do processo;

Requerimentos finais:

Sejam, por fim, julgados totalmente procedentes os pedidos acima arrolados, condenando-se, ainda, o Consignatário ao pagamento das custas processuais e honorários advocatícios.

6º PASSO: VALOR DA CAUSA

Não poderá constar valor específico da causa nesta petição, porque o exercício não informa o valor do salário do empregado.

Atribui à causa o valor de R$...

7º PASSO: ENCERRAMENTO

Nesses termos, pede deferimento.

Local..., Data...

ADVOGADO...

OAB.../Nº...

4.3 A AÇÃO DE CONSIGNAÇÃO EM PAGAMENTO PRONTA

Vejamos, agora, a redação final da petição inicial desta ação de consignação em pagamento:

EXCELENTÍSSIMO SENHOR JUIZ DO TRABALHO DA VARA DO TRABALHO DE...

(10 linhas)

Padaria Delícias do Pão Ltda., pessoa jurídica de direito privado, inscrita no CNPJ sob o nº..., Classificação Nacional da Atividade Econômica..., localizada na Rua..., nº..., Bairro..., Cidade..., Estado..., CEP..., endereço eletrônico..., vem, por intermédio de seu advogado que a esta subscreve, inscrito na OAB..., cujo escritório está localizado na Rua..., nº..., Bairro..., Cidade..., Estado..., CEP..., endereço eletrônico... (procuração anexa), para onde protesta sejam encaminhadas eventuais intimações, propor, com fundamento nos arts. 319 e 539 a 549, do CPC, aplicados subsidiariamente por força dos arts. 15, do CPC e 769, da CLT,

AÇÃO DE CONSIGNAÇÃO EM PAGAMENTO

em face de **Armando da Silva**, Filho de..., Nascido em..., Nacionalidade..., Estado Civil..., União Estável..., balconista, inscrito no RG sob o nº..., CPF nº..., CTPS nº..., Série..., PIS..., residente e domiciliado na Rua..., nº..., Bairro..., Cidade..., Estado..., CEP..., endereço eletrônico..., baseado nos motivos de fato e de direito que passa a expor:

1) O Consignatário foi contratado aos serviços da Consignante para exercer as funções de balconista em 10/01/17.

2) O Consignatário foi dispensado pela Consignante em 13/01/18, sem justa causa, com aviso prévio indenizado.

3) Por isso, a Consignante solicitou que o Consignatário entregasse ao departamento de pessoal da empresa sua CTPS até o dia 19/01/18 para que fosse procedida a baixa em sua CTPS e que comparecesse no dia 22/01/18, às 10h00, à sede da empresa para receber suas verbas rescisórias, tudo conforme comprova o documento anexo com a ciência do Consignatário.

4) Ocorre, no entanto, que o Consignatário não levou a CTPS na sede da empresa nem compareceu no dia e hora marcados para receber suas verbas rescisórias. Assim, a Consignante vem efetuar o depósito judicial dos valores relativos às verbas rescisórias do Consignatário, conforme determina os arts. 335, do CC e 539, *caput*, do CPC, aplicáveis subsidiariamente ao direito e ao processo do trabalho, por força dos arts. 8º e 769, da CLT.

Diante do exposto, pleiteia:

Que seja autorizado, por este Juízo, o depósito dos valores relativos às seguintes verbas rescisórias do Consignatário: saldo de salários de 11 dias, no valor de R$....; aviso prévio indenizado de 33 dias, no importe de R$...; férias vencidas simples acrescidas do terço constitucional, no montante de R$...; férias proporcionais de 1/12 acrescidas do terço constitucional, no valor de R$... e décimo terceiro salário proporcional de 1/12, no montante de R$...,, bem como das guias destinadas a possibilitar que o Consignatário possa dar entrada no pedido de seguro desemprego e requerer o levantamento do FGTS junto à CEF, declarando-se, ao final, extintas as obrigações da Consignante.

Requer ainda que,

Seja o Consignatário citado para comparecer à audiência a ser designada por este Juízo para, aceitando os valores consignados, levantar o depósito e receber a documentação consignada e dar de tudo quitação ou apresentar sua defesa, sob pena de revelia e confissão;

Seja deferida à Consignante a possibilidade de produzir todas as provas em direito admitidas, especialmente o depoimento do Consignatário, sob pena de confissão (súmula 74, do TST), oitiva de testemunhas, prova pericial e inspeção judicial, caso se verifiquem necessárias no decorrer do processo;

Sejam, por fim, julgados totalmente procedentes os pedidos acima arrolados, condenando-se, ainda, o Consignatário ao pagamento das custas processuais e honorários advocatícios.

Atribui à causa o valor de R$...

Nesses termos, pede deferimento.

Local..., Data...

ADVOGADO...

OAB.../Nº...

4.4 A AÇÃO DE CONSIGNAÇÃO EM PAGAMENTO PRONTA NO MODELO "DOS FATOS E DO DIREITO"

Vejamos, agora, a redação final da petição inicial desta ação de consignação em pagamento, nesse modelo:

EXCELENTÍSSIMO SENHOR JUIZ DO TRABALHO DA VARA DO TRABALHO DE...

(10 linhas)

Padaria Delícias do Pão Ltda., pessoa jurídica de direito privado, inscrita no CNPJ sob o nº..., Classificação Nacional da Atividade Econômica..., localizada na Rua..., nº..., Bairro..., Cidade..., Estado..., CEP..., endereço eletrônico..., vem, por intermédio de seu advogado que a esta subscreve, inscrito na OAB..., cujo escritório está localizado na Rua..., nº..., Bairro..., Cidade..., Estado..., CEP..., endereço eletrônico... (procuração anexa), para onde protesta sejam encaminhadas eventuais intimações, propor, com fundamento nos arts. 319 e 539 a 549, do CPC, aplicados subsidiariamente por força dos arts. 15, do CPC e 769, da CLT,

AÇÃO DE CONSIGNAÇÃO EM PAGAMENTO

em face de **Armando da Silva**, Filho de..., Nascido em..., Nacionalidade..., Estado Civil..., União Estável..., balconista, inscrito no RG sob o nº..., CPF nº..., CTPS nº..., Série..., PIS..., residente e domiciliado na Rua..., nº..., Bairro..., Cidade..., Estado..., CEP..., endereço eletrônico..., baseado nos motivos de fato e de direito que passa a expor:

DOS FATOS

1) O Consignatário foi contratado aos serviços da Consignante para exercer as funções de balconista em 10/01/17.

2) O Consignatário foi dispensado pela Consignante em 13/01/17, sem justa causa, com aviso prévio indenizado.

3) Por isso, a Consignante marcou a data de 22/01/16, às 10h00, para o Consignatário fosse à empresa receber suas verbas rescisórias, tendo este, inclusive, exarado sua ciência na cópia do comunicado escrito que lhe foi entregue pela Consignante.

4) Além disso, no mesmo comunicado, constava a solicitação da Consignante para que o Consignatário tivesse levado a sua CTPS à seda da empresa para que se procedesse à respectiva baixa, o que não ocorreu.

DO DIREITO

5) Ora Excelência, a Consignante tem a obrigação de atualizar e de dar baixa na Carteira de Trabalho e Previdência Social do Consignatário. Nesse sentido, preceitua o art. 29, § 2º, *c*, da CLT: "as anotações na Carteira de Trabalho e Previdência Social serão feitas: ... c) no caso de rescisão contratual". Assim, devidamente dispensado, cabia ao Consignatário ter levado a Carteira de Trabalho e Previdência Social à empresa para que esta pudesse ter atualizado sua CTPS e ter dado a respectiva baixa.

6) Além disso, impõe o § 8º do art. 487 da CLT que:

> A inobservância do disposto no § 6º deste artigo sujeitará o infrator à multa de 160 BTN, por trabalhador, bem assim ao pagamento da multa a favor do empregado, em valor equivalente ao seu salário, devidamente corrigido pelo índice de variação do BTN, salvo quando, comprovadamente, o trabalhador der causa à mora.

Ou seja, é dever do empregador efetuar o pagamento das verbas rescisórias do empregado no prazo de 10 dias do término do contrato de trabalho, sob pena de incidência da aludida multa (art. 487, § 6º, da CLT).

7) Assim, nos termos do art. 334, do CC, aplicado subsidiariamente ao direito do trabalho por força do art. 8º, da CLT, "considera-se pagamento, e extingue a obrigação, o depósito judicial ou em estabelecimento bancário da coisa devida, nos casos e forma legais".

8) Esse é o típico caso consagrado no art. 335, II, do CC, aplicado subsidiariamente ao direito do trabalho por força do art. 8º, da CLT, que dispõe

QUE "a consignação tem lugar: ... II – se o credor não for, nem mandar receber a coisa no lugar, tempo e condição devidos". Desse modo, não resta outra alternativa à Consignante para se ver livre de juros, correção monetária e multa do art. 477, § 8º, da CLT, a não ser efetuar a consignação em juízo dos valores devidos ao Consignatário.

DOS PEDIDOS

Diante do exposto, pleiteia:

Que seja autorizado, por este Juízo, o depósito dos valores relativos às seguintes verbas rescisórias do Consignatário: saldo de salários de 11 dias, no valor de R$....; aviso prévio indenizado de 33 dias, no importe de R$...; férias vencidas simples acrescidas do terço constitucional, no montante de R$...; férias proporcionais de 1/12 acrescidas do terço constitucional, no valor de R$... e décimo terceiro salário proporcional de 1/12, no montante de R$...,, bem como das guias destinadas a possibilitar que o Consignatário possa dar entrada no pedido de seguro desemprego e requerer o levantamento do FGTS junto à CEF, declarando-se, ao final, extintas as obrigações da Consignante.

DOS REQUERIMENTOS PROCESSUAIS

Requer ainda que,

Seja o Consignatário citado para comparecer à audiência a ser designada por este Juízo para, aceitando os valores consignados, levantar o depósito e receber a documentação consignada e dar de tudo quitação ou apresentar sua defesa, sob pena de revelia e confissão;

Seja deferida à Consignante a possibilidade de produzir todas as provas em direito admitidas, especialmente o depoimento do Consignatário, sob pena de confissão (súmula 74, do TST), oitiva de testemunhas, prova pericial e inspeção judicial, caso se verifiquem necessárias no decorrer do processo;

Sejam, por fim, julgados totalmente procedentes os pedidos acima arrolados, condenando-se, ainda, o Consignatário ao pagamento das custas processuais e honorários advocatícios.

Atribui à causa o valor de R$...

Nesses termos, pede deferimento.

Local..., Data...

____

ADVOGADO...

OAB.../Nº...

Veja, examinando, que a diferença entre os modelos acima é meramente de estilo. Ambas as peças estão perfeitamente completas. Contudo, no segundo modelo, há uma referência esmiuçada do direito aplicável ao caso concreto.

Na prova do exame de ordem, você deverá analisar com calma, ao fazer o rascunho da peça profissional, o quanto deverá escrever. Se forem muitas as teses a defender, devido a grande quantidade de fatos, fundamentos jurídicos, legais e jurisprudência constantes do exercício, você não poderá adotar o segundo modelo acima porque provavelmente não terá espaço para citar todos os artigos e súmulas aplicáveis ao caso concreto, assim, o primeiro modelo exemplificado acima ou o modelo que divide a peça em títulos, que será exemplificado abaixo, na elaboração da contestação, são mais adequados.

5

Contestação

Devidamente protocolada a petição inicial na Justiça do Trabalho, seja no distribuidor, nos fóruns onde há mais de uma vara do trabalho (art. 838, da CLT), ou diretamente nos cartórios das varas do trabalho nos fóruns onde só uma vara do trabalho (art. 837, da CLT), a providência seguinte a ser tomada pela Justiça do Trabalho, após a autuação da petição inicial, é enviar uma notificação ao reclamado para comparecer à audiência designada, dispondo o art. 841, da CLT, que:

> Recebida e protocolada a reclamação, o escrivão ou secretário, dentro de 48 (quarenta e oito) horas, remeterá a segunda via da petição, ou do termo, ao reclamado, notificando-o ao mesmo tempo, para comparecer à audiência do julgamento, que será a primeira desimpedida, depois de 5 (cinco) dias.

À luz do art. 844, da CLT, se o reclamante falta injustificadamente à audiência designada, o processo será arquivado. Se o reclamado falta injustificadamente à audiência, é revel e o juiz deve aplicar-lhe os efeitos da confissão ficta.

Comparecendo o reclamante e o reclamado à audiência, o primeiro passo a ser tomado pelo juiz do trabalho é tentar conciliar as partes. Por isso, o juiz usará de todos os meios de persuasão para tentar um acordo (art. 764, da CLT). Dessa tentativa de conciliação, duas hipóteses poderão ocorrer:

1ª) *As partes se conciliam*: se as partes firmarem um acordo, o processo deverá ser extinto com resolução do mérito (art. 487,

III, do CPC), sem que o reclamado apresente qualquer defesa (art. 846, da CLT) ou

2ª) *As partes não se conciliam*: se as partes não fizerem um acordo, prevê o art. 847, da CLT que: "o reclamado terá 20 (vinte) minutos para aduzir sua defesa, após a leitura da reclamação, quando esta não for dispensada por ambas as partes".

Apesar da previsão legal de que a defesa do reclamado possa ser feita oralmente, em audiência, no prazo de 20 minutos, na prática, os advogados optam por elabora a defesa do reclamado por escrito. Há, inclusive, juízos que pedem, na notificação do reclamado, que apresente defesa escrita.

Desse modo, como no exame de ordem a única forma de se aferir o conhecimento do examinando na prática da defesa trabalhista é por meio de uma peça prático-profissional escrita, esta deverá ser desenvolvida na forma de contestação, pois é a maneira formalmente prevista no CPC para elaboração de defesa escrita.

A contestação é a forma escrita, por excelência, de defesa do reclamado, tendo em vista que é, por meio dela, que o reclamado deverá atacar todas as matérias de índole processual ou de mérito, salvo as matérias relacionadas às exceções de impedimento e suspeição, previstas nos arts. 144 e 145 do CPC e à exceção de incompetência territorial, constante do art. 800, da CLT.

Além disso, é por meio da contestação que o reclamado afasta os efeitos da confissão ficta, ou seja, de que os fatos alegados pelo reclamante sejam aceitos por verdadeiros (arts. 844, *caput* e 847, da CLT e 344, do CPC).

O CPC não impõe, organizadamente, como o faz quanto à petição inicial, os requisitos que devem ser observados pelo reclamado na elaboração da contestação, mas prevê, tecnicamente, a forma correta como deverá ser apresentada em juízo.

Assim, impõe o art. 336, do CPC, que: "compete ao réu alegar, na contestação, toda a matéria de defesa, expondo as razões de fato e de direito, com que impugna o pedido do autor e especificando as provas que pretende produzir".

Desse modo, extrai-se do art. 336 do CPC dois requisitos a serem observados pelo reclamado: a especificação das provas que o reclamado pretende produzir em audiência e a obrigatoriedade de alegar, em sua defesa, toda matéria de direito e de fato relacionada às questões processuais ou de mérito, com que impugna o pedido do autor. Essa obrigatoriedade é chamada pela doutrina de princípio da impugnação especificada.

Por isso, as questões de fato que o reclamado não contestar serão consideradas preclusas, não podendo mais o reclamado aduzi-las posteriormente (art. 341, *caput*, do CPC), entendendo-se que os fatos relatados pelo reclamante, não contestados, são verdadeiros (art. 344, do CPC).

5.1 REQUISITOS DA PETIÇÃO DE CONTESTAÇÃO

A elaboração da contestação, tal como ocorre com a petição inicial, deve obedecer a uma sequência lógica, portanto, deverá conter as seguintes partes: endereçamento; número do processo; apresentação; preliminar; prejudicial de mérito; mérito; compensação, dedução e retenção; provas; requerimentos e encerramento.

5.1.1 Endereçamento

No exercício de exame de ordem, normalmente consta o juízo no qual está em curso a reclamação trabalhista e para o qual deverá o Reclamando endereçar a sua contestação, de modo que a contestação deverá ser dirigida ao Juízo que tenha remetido a notificação (citação), de acordo com o exercício.

5.1.2 Número do processo

Tal como ocorre com o juízo que mandou citar o Reclamado, normalmente consta no exercício, igualmente, o número do processo, devendo este ser incluído após o endereçamento.

5.1.3 Apresentação

A apresentação da contestação também deverá conter a qualificação das partes, iniciando-se pelo reclamado; o endereço do advogado do reclamado; o nome da peça processual – contestação; seu fundamento legal (arts. 847, da CLT e 335 a 342, do CPC, aplicados subsidiariamente por força dos arts. 15, do CPC e 769, da CLT).

A qualificação das partes, na contestação, no entanto, costuma ser feita de forma resumida, informando-se apenas que as partes já se encontram qualificadas na reclamação trabalhista, salvo se houver erro na petição inicial quanto aos dados do reclamado; neste caso, o reclamado deverá fazer sua qualificação completa e requerer que as informações sobre sua qualificação sejam retificadas nos autos.

5.1.4 Preliminar (es)

Após a apresentação, o reclamado passa a ter de atacar, primeiramente, as matérias de ordem processual, ou seja, deverá alegar matérias de defesa que não se vinculam diretamente aos fatos, aos fundamentos jurídicos do pedido e aos pedidos alegados na reclamação trabalhista.

Conforme os ensinamentos de Carlos Henrique Bezerra Leite[1],

> Na contestação contra o processo, o réu ataca não a lide, o pedido, a pretensão ou o bem da vida vindicado pelo autor, e sim o processo ou a ação. No primeiro caso, alega que não foram satisfeitos os pressupostos processuais, como incompetência absoluta, a inépcia da inicial, a coisa julgada, a litispendência etc.; no segundo, aduz que não estão presentes as condições da ação, como a possibilidade jurídica do pedido, a legitimação ou autor para a causa e o interesse processual.

Dispõe o art. 337 do CPC que: "incumbe ao réu, antes de discutir o mérito, alegar":

I – Inexistência ou nulidade da citação.

Ocorre a inexistência da citação quando o reclamado não é citado, quando, por exemplo, o carteiro cita outra empresa do mesmo ramo de atividades em vez do reclamado.

Ocorre a nulidade da citação quando não foi respeitado o procedimento legal, como, por exemplo, quando o carteiro entrega a notificação

[1] LEITE, Carlos Henrique Bezerra. **Curso de direito processual do trabalho**. 14ª ed. São Paulo : Saraiva, 2016. p. 690.

(entenda-se citação) em prazo inferior ao quinquídio previsto no art. 841, da CLT.

Em ambas as hipóteses apresentadas, o examinando deverá requerer que seja deferida a designação da audiência para data não inferior a cinco dias, para que o reclamado possa apresentar adequadamente sua defesa.

II - Incompetência absoluta.

As hipóteses de competência absoluta da Justiça do Trabalho estão previstas no art. 114, da CF/88, que tem a seguinte redação:

> Art. 114. Compete à Justiça do Trabalho processar e julgar:
>
> I – as ações oriundas da relação de trabalho, abrangidos os entes de direito público externo e da administração pública direta e indireta da União, dos Estados, do Distrito Federal e dos Municípios;
>
> II – as ações que envolvam exercício do direito de greve;
>
> III – as ações sobre representação sindical, entre sindicatos, entre sindicatos e trabalhadores, e entre sindicatos e empregadores;
>
> IV – os mandados de segurança, *habeas corpus* e *habeas data*, quando o ato questionado envolver matéria sujeita à sua jurisdição;
>
> V – os conflitos de competência entre órgãos com jurisdição trabalhista, ressalvado o disposto no art. 102, I, o;
>
> VI – as ações de indenização por dano moral ou patrimonial, decorrentes da relação de trabalho;
>
> VII – as ações relativas às penalidades administrativas impostas aos empregadores pelos órgãos de fiscalização das relações de trabalho;
>
> VIII – a execução, de ofício, das contribuições sociais previstas no art. 195, I, a, e II, e seus acréscimos legais, decorrentes das sentenças que proferir;
>
> IX – outras controvérsias decorrentes da relação de trabalho, na forma da lei.

O CPC, no inciso II, do art. 337 dispõe ainda que "incumbe ao réu, antes de discutir o mérito, alegar: [...] *II – incompetência absoluta e relativa*".

As hipóteses de competência relativa, ou seja, competência territorial das varas do trabalho, já estudadas acima quando falamos da reclamação trabalhista, estão previstas no art. 651, da CLT.

Ocorre, no entanto, que, no processo do trabalho, a incompetência relativa deve ser alegada por petição autônoma, denominada de exceção de incompetência territorial, no prazo de cinco dias a contar da notificação, antes da audiência, nos termos do art. 800, da CLT. Ou seja, a incompetência relativa não pode ser alegada, no processo do trabalho, como preliminar na contestação.

III – Incorreção do valor da causa.

Segundo o art. 291, do CPC, "a toda causa será atribuído valor certo, ainda que não tenha conteúdo econômico imediatamente aferível".

Como vimos quando falamos da reclamação trabalhista, no processo do trabalho o valor da causa é calculado com base no somatório dos valores dos pedidos condenatórios, quando esse cálculo é possível diante dos valores apresentados no exercício do exame de ordem.

Caso, então, o exercício do exame de ordem apresente uma situação em que esses cálculos estejam incorretos, você, examinando, deverá arguir a preliminar de incorreção do valor da causa e requerer que o juízo atribua o valor que você indicou como o correto valor da causa.

IV – Inépcia da petição inicial.

A petição inicial é considerada inepta, nos termos do § 1º e incisos do art. 330, do CPC, quando:

> I – lhe faltar pedido ou causa de pedir;
>
> II – o pedido for indeterminado, ressalvadas as hipóteses legais em que se permite o pedido genérico;
>
> III – da narração dos fatos não decorrer logicamente a conclusão;
>
> IV – contiver pedidos incompatíveis entre si.

Se constar no exercício do exame de ordem alguma das hipóteses acima de inépcia da petição inicial, deve ser requerida a extinção do processo sem resolução do mérito, nos termos do art. 485, I, do CPC e Súmula n. 263, do TST.

V – Perempção.

Ocorre a perempção, nos termos do § 3º, do art. 486, do CPC,

> Se o autor der causa, por 3 (três) vezes, a sentença fundada em abandono da causa, não poderá propor nova ação contra o réu com o mesmo

objeto, ficando-lhe ressalvada, entretanto, a possibilidade de alegar em defesa o seu direito.

Se o exercício do exame de ordem prever essa hipótese, deverá o examinando arguí-la preliminarmente, requerendo a extinção do processo sem resolução do mérito, nos termos do art. 485, V, do CPC.

Existem, contudo, duas situações que são denominadas de perempção trabalhista especialmente nos exames de ordem, expressão essa também utilizada na doutrina.

A primeira, advém da ausência do empregado à vara do trabalho no prazo de cinco dias após a sua apresentação ao distribuidor para apresentar reclamação verbal, consoante dispõe o art. 768, da CLT. Ou seja, em teoria, o empregado comparece ao distribuidor de um dos fóruns da Justiça do Trabalho para apresentar sua reclamação verbalmente. O distribuidor anota seus dados básicos (nome, CPF, endereço e nome do empregador ou ex-empregador, com CPF ou CNPJ, se possível) e faz a distribuição da reclamação trabalhista para uma das varas do trabalho do fórum.

Feita a distribuição e identificada a vara do trabalho na qual o processo o terá curso, o reclamante tem o prazo de 5 (cinco) dias para comparecer à vara do trabalho para que um serventuário da Justiça do Trabalho tome reduza a termo – passe para o papel – tudo que for informado pelo reclamante. Caso o reclamante não compareça à vara do trabalho nesses 5 (cinco) dias, ficará com o direito de ingressar na Justiça do Trabalho em face de seu empregador, ou ex-empregador, suspenso pelo prazo de 6 (seis) meses, conforme preceitua o art. 731, da CLT.

A segunda está prevista no art. 732, da CLT, e ocorre quando o empregado der causa a dois arquivamentos injustificados por ausência à audiência inaugural no processo do trabalho.

Nesses casos, deverá o examinando arguir preliminarmente a perempção trabalhista, requerendo a extinção do processo sem resolução do mérito, nos termos do art. 485, V, do CPC.

VI – Litispendência.

Nos termos do § 3º, do art. 337, do CPC, "há litispendência quando se repete ação que está em curso", sendo que, "uma ação é idêntica a outra quando possui as mesmas partes, a mesma causa de pedir e o mesmo pedido", consoante preceitua o § 2º, do mencionado artigo.

Assim, se no exercício constar que o empregado ingressou anteriormente com ação idêntica à segunda ação para a qual o reclamado foi citado, deve ser alegado que essa segunda ação reproduz inteiramente a primeira e, por isso, deve ser extinta sem resolução do mérito, nos termos do art. 485, V, do CPC.

VII – Coisa julgada.

Dispõe o § 4º, do art. 337, do CPC, que "há coisa julgada quando se repete ação que já foi decidida por decisão transitada em julgada".

Há, na verdade, duas espécies de sentença, a terminativa, que não julga o mérito, fazendo coisa julgada meramente formal, que não provoca a coisa julgada que nos interessa aqui, e a sentença definitiva, que julga o mérito da ação e que faz a coisa julgada material, que é a que nos interessa.

Desse modo, deixando claro o exercício ter sido proposta idêntica demanda anterior que tiver sido definitivamente julgada, ou julgada por sentença definitiva, o examinando deverá arguir, em preliminar, a coisa julgada, requerendo, outrossim, que o processo seja extinto sem resolução do mérito, nos termos do art. 485, V, do CPC.

VIII – Conexão.

Segundo o art. 55, do CPC, "reputam-se conexas 2 (duas) ou mais ações quando lhes for comum o pedido ou a causa de pedir".

Para exemplificar, imaginemos a seguinte situação: o reclamante ingressa com uma reclamação trabalhista alegando que cumpria uma jornada de trabalho das 14h00 às 23h30 e que jamais recebeu adicional noturno. Portanto, pleiteia nessa reclamação trabalhista a condenação da reclamada ao pagamento do adicional noturno.

Um mês depois, ingressa com outra reclamação trabalhista alegando a mesma jornada de trabalho, mas requerendo, agora, a condenação da reclamada ao pagamento de horas extras, pois entende ter direito às horas trabalhadas além do limite legal.

Nesses dois casos, há conexão pela causa de pedir, apesar de haver diferença significativa em relação aos pedidos.

Veja-se que não há repetição de ações, são ações distintas, apenas com um ponto em comum: a causa de pedir.

Por isso, quando ocorre a conexão e sendo alegada pela parte contrária, o juízo que a reconhece deverá remetê-la ao juízo do primeiro processo, para que este possa fazer o julgamento conjunto das ações. Nesse sentido, dispõe o § 1º, do art. 55, do CPC, didaticamente que: "os processos de ações conexas serão reunidos para decisão conjunta, salvo se um deles já houver sido sentenciado".

Assim, caso haja alegação de que o reclamante já tenha ingressado com outra reclamação trabalhista em face do reclamado e, estando presentes os elementos da conexão, o examinando deverá, nos termos do art. 58, do CPC, requerer que o processo seja remetido para o juízo da primeira reclamação trabalhista proposta, pois, no processo do trabalho esse é o juízo prevento.

IX - Incapacidade da parte, defeito de representação ou falta de autorização.

A capacidade se divide em capacidade de ser parte, capacidade de agir, ou processual, e capacidade postulatória.

Todos têm capacidade de ser parte, porém, nem todos têm capacidade de estar em juízo, como ocorre com os menores de idade que, nos termos do art. 793, da CLT, deverão ser assistidos por seus "representantes legais e na faltas destes, pela Procuradoria da Justiça do Trabalho, pelo sindicato, pelo Ministério Público estadual ou curador nomeado em juízo".

Quanto à capacidade postulatória, nos termos da Súmula 425, do TST, todos que têm capacidade processual, têm capacidade postulatória. Contudo, caso a parte queira constituir advogado, deverá, em princípio, constituí-lo por meio de uma procuração, que é o instrumento do contrato de mandato, e esta procuração, obviamente, deverá estar juntada aos autos.

Segundo Cavalcante e Jorge Neto[2], "na prática forense, não é comum a falta de autorização pelo autor no processo do trabalho. Exemplo da

---

2 CAVALCANTE, Jouberto de Quadros Pessoa; JORGE NETO, Francisco Ferreira. **Prática jurídica trabalhista**. 2. ed. São Paulo: Atlas, 2011. p. 63.

falta de autorização no processo do trabalho é a falta de autorização do preposto para representar o empregador em audiência".

Na prática, então, pode o exercício mencionar, por exemplo, que nos autos não consta a procuração do advogado do reclamante ou que o reclamante é menor e que não está devidamente assistido no processo.

Nessas hipóteses, o examinando deverá requerer que o juiz, nos termos do art. 76, do CPC, suspenda o processo e marque prazo razoável para que o reclamante ou seu advogado sane o defeito processual e designando nova data de audiência.

Veja-se que, na prática, essa alegação de irregularidade de representação processual seria absurda diante do texto do § 3º, do art. 791, da CLT. Mas, em teoria, se cair na prova essa situação, não há alternativa, deve o examinando arguir, em preliminar, o defeito de representação processual. Como digo sempre em sala de aula: a prova é de teoria e não de prática real.

X – Convenção de arbitragem.

A convenção de arbitragem está prevista na Lei n.º 9.307/96, que dispõe sobre a arbitragem.

A arbitragem é um modo heterônomo de solução de conflitos, por meio do qual um terceiro, árbitro, soluciona, de acordo com seu entendimento, o conflito que lhe é submetido pelas partes.

Nos termos do art. 1º, da Lei nº 9.307/96, "as pessoas capazes de contratar poderão valer-se da arbitragem para dirimir litígios relativos a direitos patrimoniais disponíveis".

Ora, como os direitos trabalhistas não são direitos disponíveis, não se aplica, como regra, a arbitragem ao processo do trabalho.

Ocorre que, a Lei n. 13.467/2017, inseriu no art. 507-A, da CLT, a possibilidade de convenção de arbitragem, dispondo que

> Nos contratos individuais de trabalho cuja remuneração seja superior a duas vezes o limite máximo estabelecido para os benefícios do Regime Geral de Previdência Social, poderá ser pactuada cláusula compromissória de arbitragem, desde que por iniciativa do empregado ou mediante a sua concordância expressa, nos termos previstos na Lei nº 9.307, de 23 de setembro de 1996.

Logo, se essa hipótese for ventilada na prova do exame de ordem, deverá o empregado arguir a extinção do processo sem resolução do mérito, nos termos do art. 485, VII, do CPC.

XI - Ausência de legitimidade ou de interesse processual.

Ensina Vicente Greco Filho que[3] "a legitimidade, no dizer de Alfredo Buzaid, conforme já referido (Cap. 1, 8), é a pertinência subjetiva da ação, isto é, a regularidade do poder de demandar de determinada pessoa sobre determinado objeto".

Desse modo, a legitimidade, também conhecida pelo brocado latino *legitimatio ad causam*, é a relação entre o autor da ação e a pretensão.

No processo do trabalho, nos dissídios individuais, a legitimidade normalmente é do empregado ou ex-empregado para propor reclamação trabalhista, não obstante, em casos excepcionais, o autor também pode ser o empregador ou ex-empregador. Por sua vez, para contestar a ação, em regra, a legitimidade está no empregador, ou ex-empregador.

Então, ocorrerá a ilegitimidade quando o autor ou o réu não tiver relação com a pretensão, como quando a mulher do ex-empregado ingressa em juízo para cobrar as horas extras que esse fazia e nunca as recebeu ou, o que é mais comum, quando o ex-empregado ingressa em face de uma empresa sucessora de outra para a qual o ex-empregado havia trabalhado e dela se desligou sem jamais ter trabalhado para a empresa adquirente.

Na lição de Vicente Greco Filho[4],

> O interesse processual e, portanto, a necessidade de se recorrer ao judiciário para a obtenção do resultado pretendido, independentemente da legitimidade ou legalidade da pretensão. Para verificar-se se o autor tem interesse processual para a ação deve-se responder afirmativamente à seguinte indagação: para obter o que pretende o autor necessita da providência jurisdicional pleiteada?

Não haveria interesse, por exemplo, se a reclamada não se furta a pagar os direitos trabalhistas que o reclamante deixou de, injustificadamente,

3 GRECO FILHO, Vicente. *Direito Processual Civil Brasileiro*. 20 ed. São Paulo: Saraiva, 2009. v. 1, versão digital, cap. 14, item 14.1.

4 GRECO FILHO, Vicente. *Direito Processual Civil Brasileiro*. 20 ed. São Paulo: Saraiva, 2009. v. 1, versão digital, cap. 14, item 14.1.

comparecer para receber, estando os valores a sua disposição enquanto não consignado em juízo.

No caso concreto do exercício do exame de ordem, se aparecer uma situação em que o examinando verificar a necessidade de se alegar a ilegitimidade da parte ou a falta de interesse processual, deverá alegá-la como preliminar e requerer que o processo seja extinto sem resolução do mérito, nos termos do art. 485, VI, do CPC.

XII – Falta de caução ou de outra prestação que a lei exige como preliminar.

Não vislumbramos hipótese de aplicação desse dispositivo no processo do trabalho.

XIII – Indevida concessão do benefício de gratuidade de justiça.

Dispõe § 3º, do art. 790, da CLT que:

> É facultado aos juízes, órgãos julgadores e presidentes dos tribunais do trabalho de qualquer instância conceder, a requerimento ou de ofício, o benefício da justiça gratuita, inclusive quanto a traslados e instrumentos, àqueles que perceberem salário igual ou inferior a 40% (quarenta por cento) do limite máximo dos benefícios do Regime Geral de Previdência Social.

Assim, aos empregados que recebem até 40% (quarenta por cento) do limite máximo dos benefícios do RGPS, o benefício de gratuidade de justiça é automático, ficando os demais empregados obrigados a fazer o requerimento para obterem a concessão.

Pode ocorrer, no entanto, de o exercício do exame de ordem trazer uma informação no sentido de que o juiz do trabalho concedeu de ofício os benefícios de gratuidade de justiça ao reclamante, cujo salário indicado era de R$ 9.000,00 (nove mil reais). Nesse caso, o examinando deverá arguir, preliminarmente, que este benefício seja revogado, uma vez que não se enquadra no limite previsto no § 3º, do art. 790, da CLT.

5.1.5 Prejudicial de mérito

"Prejudiciais são as questões de mérito que antecedem, logicamente, à solução do litígio e nela forçosamente haverão de influir", conforme didaticamente ensina a juíza Graça Laranjeira, em trecho extraído da ementa do acórdão do TRT da 5ª R., RO 00770.2002.016.05.00-0, 2ª T., Rel. Juiz Graça Laranjeira, j. 12-2-2004, citado por Carlos Henrique Bezerra Leite [5].

Pode-se citar, a título de exemplo de prejudicial de mérito no processo do trabalho, o caso em que o reclamante ingressa na Justiça do Trabalho requerendo o reconhecimento do vínculo empregatício por ter trabalhado como empregado doméstico para o reclamado e, consequentemente, que o reclamado também seja condenado a pagar os direitos trabalhistas que entende devidos, tais como aviso prévio; décimos terceiros salários; férias acrescidas do terço constitucional etc. Em sua defesa, o reclamado alega que o reclamante era diarista, pois trabalhava apenas dois dias por semana. Ou seja, a relação não era de emprego.

Nesse caso, o juiz do trabalho deverá analisar primeiramente se havia ou não relação de emprego. Se entender que não havia relação de emprego, não poderá analisar nenhum dos demais pedidos de direitos trabalhistas aos quais o reclamante entende ter direito e que não teriam sido respeitados pelo reclamado.

Além desse exemplo, podemos citar também as hipóteses da prescrição e da decadência.

Nos termos do art. 7º, XXIX, da CF/88, o empregado tem direito a propor "ação, quanto aos créditos resultantes da relação de trabalho, com prazo prescricional de cinco anos para os trabalhadores urbanos e rurais, até o limite de dois anos após a extinção do contrato de trabalho".

A prescrição, que é tida como a perda da pretensão por parte do credor, nos termos do art. 205, do CC, ocorre no direito do trabalho em duas situações:

Enquanto estiver em curso o contrato de trabalho, terá o empregado 5 anos para ingressar em juízo e postular as verbas trabalhista que não foram adimplidas por seu empregador. Essa modalidade de prescrição é denominada de parcial.

---

5 LEITE, Carlos Henrique Bezerra. **Curso de Direito Processual do Trabalho**. São Paulo : Saraiva, 2016. p. 819.

Há, entretanto, uma exceção a essa regra: se o reclamante tiver pleiteando pagamento de férias não concedidas em relação a algum período aquisitivo que tenha se completado há mais de cinco anos após a propositura da reclamação trabalhista, deve-se atentar para o fato de que a prescrição nesse caso só começa a fluir após o término do respectivo período concessivo, ganhando, portanto, o reclamante mais um ano para a contagem da prescrição, nos termos do art. 149, da CLT.

Após a extinção do contrato de trabalho, terá o ex-empregado apenas dois anos para ingressar em juízo. Essa espécie de prescrição é denominada de total.

Nos dois casos, a contagem da prescrição se inicia na data do ingresso da reclamação trabalhista perante a Justiça do Trabalho.

Por outro lado, a decadência, que fulmina o próprio direito do credor, não é aplicável, em regra, ao processo do trabalho, salvo no caso de inquérito para apuração de falta grave, nos termos do entendimento consagrado na Súmula n. 62, do TST, e em casos muito específicos de ação rescisória e mandado de segurança. Portanto, para os efeitos de contestação de reclamação trabalhista, não há campo para alegação da decadência.

Nos exames de ordem, o que se verifica é que somente tem sido prestigiada a prescrição como prejudicial do mérito.

Portanto, examinando, você deve ficar atento para a contagem do tempo em relação aos fatos narrados no exercício do exame de ordem. Se constar que os fatos ocorreram há mais de cinco anos, deve ser requerida a aplicação da prescrição parcial. Se constar que os fatos ocorreram há mais de dois anos após a extinção do contrato do trabalho, tendo como marco inicial da contagem retroativa a data da propositura da reclamação trabalhista, deve-se alegar a prescrição total.

5.1.6 Mérito

Após, examinando, você ter arguido a (s) preliminar (es) cabível (veis) e, se for o caso, a prescrição total e/ou parcial, em seguida, você deverá atacar o mérito da reclamação trabalhista[6].

---

[6] "Sendo o mérito a pretensão formulada na inicial, ele só será verdadeiramente julgado quando o juiz proferir sentença acolhendo ou rejeitando o pedido do autor" (GONÇALVES, Marcos Vinícius Rios. *Novo Curso de Direito Processual Civil*. 9

A defesa de mérito se divide em defesa direta e indireta.

Na defesa direta, o reclamado se limita, simplesmente, a negar os fatos alegados pelo reclamante. Em relação a cada fato, fundamento jurídico e pedido feito pelo reclamante, o reclamado nega que o fato tenha ocorrido.

Já na defesa indireta, o reclamado, apesar de reconhecer os fatos constitutivos do direito do reclamante, opõe-lhe um fato impeditivo, modificativo ou extintivo. Sobre esses fatos, vejamos os ensinamentos de Leite[7]:

> *Fatos impeditivos* são os que provocam a ineficácia dos fatos constitutivos alegados pelo autor. Exemplo: o reclamante pede pagamento de aviso prévio, alegando ter sido despedido sem justa causa, e o reclamado reconhece a despedida, mas alega que ela se deu em virtude de ato de improbidade do reclamante (CLT, art. 482, *a*, da CLT).
>
> *Fatos modificativos* são os que implicam alteração dos fatos constitutivos alegados pelo autor. Exemplo: o reclamante pede o pagamento integral e imediato de participação nos lucros no importe de R$ 1.000,00, e o reclamado alega que o pagamento foi ajustado em parcelas mensais, e não de forma integral e imediata. A nosso ver, a compensação e a retenção, previstas expressamente no art. 767, da CLT, são modalidades de fatos modificativos.
>
> *Fatos extintivos* são os que eliminam, extinguem ou tornam sem valor a obrigação assumida pelo réu, por não ser ela mais exigível. Exemplo: reclamante pede o pagamento de saldo de salários, e o reclamado alega que efetuou o respectivo pagamento, anexando à contestação o correspondente comprovante de pagamento. A renúncia, a transação, a prescrição e a decadência também são fatos extintivos do direito do autor.

Em termos práticos, na defesa de mérito para o exame de ordem, o examinando deverá sempre ter ciência de que cada fato alegado que tenha ensejado um pedido tem uma saída, quase todas por meio da alegação de

---

ed. São Paulo: Saraiva, 2012. v. 1.). Não obstante a utilização restrita do conceito de mérito pela doutrina, para efeito de contestação este deve ser considerado de forma ampla, devendo abranger além dos pedidos propriamente ditos, os fatos e os fundamentos jurídicos do pedido por causa dos princípios da eventualidade e da impugnação especificada.

7 LEITE, Carlos Henrique Bezerra. *Curso de Direito Processual do Trabalho*. São Paulo: Saraiva, 2016. p. 698.

fatos impeditivos, modificativos ou extintivos embasados na legislação ou na jurisprudência. Por exemplo: se o exercício diz que o reclamante era vendedor externo e propôs uma reclamação trabalhista pedido horas extras, a alegação da reclamada deverá se basear na impossibilidade de o reclamante ter seu direito concedido, pois o art. 62, I, da CLT, reza que o capítulo sobre duração do trabalho não se aplica ao trabalhador externo. Logo, o reclamante não tem direito às horas extras ainda que laborasse bem mais do que as 8 horas diárias e as 44 horas semanais.

5.1.7 Compensação, dedução e retenção (art. 767, da CLT)

Após a defesa de mérito, o reclamado deverá fazer o pedido de compensação, de dedução e de retenção (art. 767, da CLT).

Na verdade a compensação, a dedução e a retenção são matérias de mérito, mas costuma-se fazer, em separado, o requerimento específico.

Ocorre a compensação sempre que o reclamante e o reclamado forem, reciprocamente, credores e devedores um do outro, havendo a necessidade do encontro de dívidas líquidas, certas e exigíveis (arts. 368 e 369, do CC).

Isso poderá ocorrer em relação a valores que o reclamante tenha recebido indevidamente do reclamado, no curso de seu contrato de trabalho, ou decorrentes de débito de natureza trabalhista que tenha para com seu empregador (súmulas n. 18 e 48, do TST).

Outra figura, não prevista em lei, arguida nesse momento, é a dedução: esta consiste no requerimento de abatimento dos valores já pagos ao reclamante sob o mesmo título pedido na reclamação trabalhista.[8]

Já a retenção possibilita que o reclamado requeira autorização judicial para reter eventuais valores devidos pelo reclamante que por imposição legal ou judicial, devam ser repassados a terceiros, tais como valores que deverão ser recolhidos a título de IR retido na fonte, INSS e pensão alimentícia.

---

[8] Segundo Carlos Henrique Bezerra Leite, a dedução não precisa ser requerida, podendo ser deferida de ofício pelo juiz do trabalho "Já a dedução pode ser autorizada de ofício pelo juiz e decorre aplicação do princípio *non bis in idem*, evitando-se, com isso, o enriquecimento sem causa de uma parte em detrimento da outra" (*Curso de Direito Processual do Trabalho*. São Paulo: LTr, 2007. p. 508).

5.1.8 Provas

Em seguida, deverá o reclamado especificar as provas que pretende produzir, lembrando-se, sempre, que os documentos deverão ser juntados à contestação, nos termos dos arts. 787 da CLT e art. 320, do CPC.

5.1.9 Requerimentos finais

Nesse item, o reclamado deverá fazer os requerimentos de acordo com o que foi arguido em sua contestação. Em princípio, pode-se dizer que o reclamado deverá fazer os seguintes requerimentos:

- acolhimento das preliminares arguidas, com as devidas consequências;
- acolhimento da prescrição, sob o título de prejudicial de mérito;
- improcedência dos pedidos do reclamante e
- condenação do reclamante ao pagamento das custas processuais e honorários advocatícios.

5.1.10 Encerramento

Finalmente, deverá constar o requerimento de deferimento; o local e a data, cada qual seguidas, respectivamente, de reticências, salvo quando forem identificados na prova; a assinatura do advogado do seguinte modo ADVOGADO..., seguida da referência à OAB...

5.2 PRÁTICA DA CONTESTAÇÃO

Seguindo a mesma metodologia, para colocarmos em prática o que foi abordado sobre a elaboração da contestação, desenvolveremos os requisitos de uma contestação a partir da resolução de um exercício simples.

EXERCÍCIO:

João Silva, na condição de sócio-gerente da **Farmácia Remédio Amargo Ltda.**, procurou você, em seu escritório, e lhe relatou a seguinte situação: recebeu uma notificação da 1ª Vara do Trabalho de Brasília para comparecer à audiência que foi designada para o dia 22/07/15, quatro dias após o recebimento da notificação, que foi entregue na **Farmácia** no dia 18/07/15, acompanhada da cópia de uma reclamação trabalhista, proposta no dia 15/07/15, por meio da qual a senhora **Jéssica Pereira**, que havia sido contratada em 01/02/15, para exercer a função de caixa, tendo recebido durante todo pacto trabalhista salário mensal de R$ 1.500,00, e que foi dispensada sem justa causa e sem que tivesse de cumprir seu aviso prévio em 04/07/15, pleiteia a condenação da Farmácia a lhe pagar a multa prevista no art. 477, § 8º, da CLT, no valor equivalente a um salário mensal, sob o argumento de que a farmácia lhe pagou, em atraso, as verbas rescisórias, pois estas teriam sido pagas em 14/07/15, ou seja, um dia a mais do que o prazo previsto no § 6º, do art. 477, da CLT, que seria o dia 13/07/15. Nessa conversa, o senhor João lhe entregou o termo de rescisão de contrato de trabalho, no qual consta que as verbas rescisórias foram pagas efetivamente no dia 14/07/15.

Na condição de advogado da Farmácia Remédio Amargo Ltda. redija a peça processual adequada para atender aos interesses de seu cliente.

1º PASSO: ENDEREÇAMENTO

Pelo que consta do exercício, a contestação deverá ser endereçada ao juiz do trabalho da 1ª Vara do Trabalho de Brasília.

EXCELENTÍSSIMO SENHOR JUIZ DO TRABALHO DA 1ª VARA DO TRABALHO DE BRASÍLIA

Ou

Excelentíssimo Senhor Doutor Juiz da 1ª Vara do Trabalho de Brasília

Ou ...

2º PASSO: NÚMERO DO PROCESSO

Tendo em vista que o exercício não informa o número do processo, deve-se apenas fazer referência a ele, acompanhado de reticências.

Processo número...

3º PASSO: APRESENTAÇÃO

Para elaborar a apresentação da contestação, deve-se partir do pressuposto de que as partes já se encontram adequadamente qualificadas na petição inicial, posto que, se não tivessem sido adequadamente qualificadas na reclamação trabalhista, este fato deveria ter sido informado no exercício. Então, a apresentação poderá ficar assim:

(10 linhas)

FARMÁCIA REMÉDIO AMARGO Ltda., já devidamente qualificada, vem, por intermédio de seu advogado, conforme procuração anexa, cujo escritório está localizado na Rua..., Nº..., Bairro..., Cidade..., Estado..., CEP..., endereço eletrônico..., para onde requer sejam remetidas eventuais intimações, nos autos do presente processo, em que contende com **Jéssica Pereira**, também já devidamente qualificada, com fundamento nos art. 847, da CLT c/c arts. 336 a 342, do CPC, apresentar sua contestação, baseado nos fundamentos de fato e de direito seguintes:

4º PASSO: PRELIMINARES

Nesse passo, deve o examinando verificar se há a ocorrência de uma das hipóteses previstas no art. 337, do CPC.

Preliminarmente

Nulidade da citação:

A citação da Reclamada ocorreu no dia 08/10/18, com audiência designada para o dia 11/10/18, portanto, em prazo inferior ao mínimo previsto no art. 841, da CLT, para a Reclamada pudesse elaborar sua defesa. Desse modo, é nula de pleno direito a citação, devendo este juízo declarar a nulidade da citação e reabrir prazo para que a Reclamada prepare adequadamente sua defesa, com adiamento da audiência para data posterior ao prazo legal mínimo de 5 dias, nos termos do art. 841, da CLT c/c art. 337, I, do CPC.

Obs.: Prezado examinando, na prática, na defesa da Reclamada, provavelmente o advogado da empresa, oralmente, arguiria a nulidade de citação em audiência e, estando esta comprovada, seria autorizado a apresentar a contestação na data posterior de continuidade da audiência, ou, ainda, poderia arguir, na contestação, somente a nulidade de citação, atitude temerária, mas plenamente possível. Portanto, nessas hipóteses não teríamos a entrega da contestação completa, como estamos fazendo neste exercício.

Ocorre, no entanto, que o examinando deve ficar atento para um detalhe importantíssimo: nem sempre o que se faz na prática, ou pode ser feito na prática, é aplicável em uma avaliação meramente teórica. Isso se dá porque na avaliação teórica leva-se em consideração que o examinando deve expressar seu conhecimento teórico sobre o objeto da avaliação e, então, deverá esgotá-lo de acordo com o que impõe o exercício. Logo, no caso em apreço, o exercício impõe ao examinando que faça a arguição da nulidade de citação e, no mérito, faça a defesa da Reclamada e, se deixar de fazê-lo integralmente, perderá pontos na prova.

5º PASSO: PREJUDICIAL DE MÉRITO (PRESCRIÇÃO)

Não é possível requerer a aplicação da prescrição, porque os fatos são recentes à data da propositura da ação.

6º PASSO: DEFESA DE MÉRITO

Aqui, deve-se atacar todos os fatos, fundamentos jurídicos e pedidos constantes do exercício.

No Mérito

<u>Multa do art. 477, § 8.º, da CLT</u>

A Reclamante pleiteia, em síntese, a condenação da reclamada a lhe pagar o equivalente a um salário contratual a título de multa pelo suposto atraso no pagamento das verbas rescisórias, sustentando que o pagamento ocorreu no dia seguinte ao prazo para o pagamento das verbas rescisórias que seria o décimo dia da data da dispensa da reclamante, que ocorreu no dia 04/07/18. Portanto, segundo fundamenta, o pagamento deveria ter sido realizado no dia 13/07/18, porém somente ocorreu no dia 14/07/18.

Realmente, Excelência, a reclamante teria razão se seu pleito tive ocorrido há alguns anos atrás, tendo em vista que, antes do advento do novo CC, interpretava-se que o prazo para pagamento das verbas rescisórias deveria ser o de 10 dias, contando-se o dia da dispensa, nos expressos termos do § 6º, do art. 477, da CLT.

Ocorre, no entanto, que, com o advento do novo CC, nos termos de seu art. 132, o prazo dos negócios jurídicos em geral passou a ser contado com exclusão do dia do início e inclusão do dia do vencimento. Logo, o prazo para pagamento das verbas rescisórias da reclamante passou a ser o de dez dias com exclusão do dia de início – não se conta, portanto, o dia 04/07/18 – e inclusão do dia do vencimento – inclui-se, assim, o dia 14/07/18. Corroborando definitivamente com esse posicionamento, está o TST, que o ratifica por meio da OJ número 162, da SDI-1.

7º PASSO: RETENÇÃO

Obs.: Neste caso, não há necessidade de ser requerer compensação nem dedução, por se tratar de verba única e o exercício não informa haver qualquer valor a ser ressarcido à Reclamada. Além disso, o valor que houvesse de ser pago à reclamante seria inferior ao mínimo legal para recolhimento de IR. Contudo, como, mesmo assim, pode ser exigido no exame de ordem, segue o modelo:

> Protesta[9] a Reclamada pela autorização de retenção de valores que tenham, eventualmente, de ser recolhidos a terceiros, especialmente a título de INSS e IR, caso eventualmente venha a ser condenada.

8º PASSO: PROVAS

> Protesta a Reclamada pelo deferimento de todos os meios de prova em direito admissíveis, especialmente pela juntada da cópia do termo de rescisão do contrato de trabalho da Reclamante, declarada autêntico pelo procurador que esta subscreve.

Obs.: Nesse caso não há necessidade de se requerer depoimento pessoal da Reclamante sob pena de confissão nem outras provas (testemunhal, pericial e inspeção judicial) porque a natureza da lide paira exclusivamente sobre matéria de fato direito.

9º PASSO: REQUERIMENTOS FINAIS

> Requer, por fim, que seja acolhida a preliminar arguida, com a designação de nova data da audiência com prazo não inferior aos 5 dias previstos em lei, devolvendo-se o prazo para a Reclamada apresentar sua contestação, ou, caso assim não entenda este juízo, no mérito, julgue totalmente improcedente o pedido da Reclamante, condenando-a, por isso, ao pagamento das custas processuais e de honorários advocatícios.

10º PASSO: ENCERRAMENTO

> Nesses termos,
>
> Pede deferimento.
>
> Local..., Data...
>
> ADVOGADO...
>
> OAB...

---

9 É praxe forense se utilizar o vocábulo protesta em vez de requer, com o mesmo significado, tal como o usamos aqui.

5.3 A CONTESTAÇÃO PRONTA

EXCELENTÍSSIMO SENHOR JUIZ DO TRABALHO DA 1ª VARA DO TRABALHO DE BRASÍLIA

Processo número...

(10 linhas)

FARMÁCIA REMÉDIO AMARGO Ltda., já devidamente qualificada, vem, por intermédio de seu advogado, conforme procuração anexa, cujo escritório está localizado na Rua..., Nº..., Bairro..., Cidade..., Estado..., CEP..., endereço eletrônico..., para onde protesta sejam remetidas eventuais intimações, nos autos do presente processo, em que contende com **Jéssica Pereira**, também já devidamente qualificada, com fundamento nos art. 847, da CLT c/c art. 336 a 342, do CPC, apresentar sua contestação, baseado nos fundamentos de fato e de direito seguintes:

Preliminarmente

Nulidade da citação:

A citação da Reclamada ocorreu no dia 08/10/18, com audiência designada para o dia 11/10/18, portanto, em prazo inferior ao mínimo previsto no art. 841, da CLT, para a Reclamada pudesse elaborar sua defesa. Desse modo, é nula de pleno direito a citação, devendo este juízo declarar a nulidade da citação e reabrir prazo para que a Reclamada prepare adequadamente sua defesa, com adiamento da audiência para data posterior ao prazo legal mínimo de 5 dias, nos termos do art. 841, da CLT c/c art. 337, I, do CPC.

No mérito

Multa do art. 477, § 8.º, da CLT.

A Reclamante pleiteia, em síntese, a condenação da reclamada a lhe pagar o equivalente a um salário contratual a título de multa pelo suposto atraso no pagamento das verbas rescisórias, sustentando que o pagamento ocorreu no dia seguinte ao prazo para o pagamento das verbas rescisórias que seria o décimo dia da data da dispensa da reclamante, que ocorreu no dia 04/07/18. Portanto, segundo fundamenta, o pagamento deveria ter sido realizado no dia 13/07/18, porém somente ocorreu no dia 14/07/18.

Realmente, Excelência, a reclamante teria razão se seu pleito tive ocorrido há alguns anos atrás, tendo em vista que, antes do advento do novo CC, interpretava-se que o prazo para pagamento das verbas rescisórias deveria ser o de 10 dias, contando-se o dia da dispensa, nos expressos termos do § 6º, do art. 477, da CLT.

Ocorre, no entanto, que, com o advento do novo CC, nos termos de seu art. 132, o prazo dos negócios jurídicos em geral passou a ser contado com exclusão do dia do início e inclusão do dia do vencimento. Logo, o prazo para pagamento das verbas rescisórias da reclamante passou a ser o de dez dias com exclusão do dia de início – não se conta, portanto, o dia 04/07/18 – e inclusão do dia do vencimento – inclui-se, assim, o dia 14/07/18. Corroborando definitivamente com esse posicionamento, está o TST, que o ratifica por meio da OJ número 162, da SDI-1.

Protesta a Reclamada pela autorização de retenção de valores que tenham, eventualmente, de ser recolhidos a terceiros, especialmente a título de INSS e IR, caso eventualmente venha a ser condenada.

Protesta a Reclamada pelo deferimento de todos os meios de prova em direito admissíveis, especialmente pela juntada da cópia do termo de rescisão do contrato de trabalho da Reclamante, declarada autêntico pelo procurador que esta subscreve.

Requer, por fim, que seja acolhida a preliminar arguida, com a designação de nova data da audiência com prazo não inferior aos 5 dias previstos em lei, devolvendo-se o prazo para a Reclamada apresentar sua contestação, ou, caso assim não entenda este juízo, no mérito, julgue totalmente improcedente o pedido da Reclamante, condenando-a, por isso, ao pagamento das custas processuais e de honorários advocatícios.

Nesses termos,

Pede deferimento.

Local..., Data...

ADVOGADO...

OAB...

6

Recurso Ordinário

Recurso é o ato processual destinado ao reexame de uma decisão, com o objetivo de reformá-la ou anulá-la, devendo-se observar os seguintes princípios, para a elaboração do recurso ordinário:

a) *Duplo Grau de Jurisdição*: justifica a possibilidade de que a decisão de um órgão julgador da qual se recorre venha a ser reapreciada preferencialmente por órgão julgador de hierarquia superior. Há casos, contudo, como ocorre nos embargos de declaração, em que a decisão é reapreciada pelo mesmo órgão julgador. Esse princípio é aplicado integralmente ao recurso ordinário, uma vez que o recurso ordinário será julgado por uma turma do TRT competente.

b) *Unirrecorribilidade*: impõe que para cada decisão há um único recurso cabível. Ou seja, o recurso ordinário só pode ser interposto de decisões específicas, previstas em lei. As decisões passíveis de serem atacadas por meio de recurso ordinário são as sentenças terminativas e as sentenças definitivas (art. 895, I e II, da CLT. Outrossim, as decisões interlocutórias, cujos protestos tenham sido feitos pelo advogado da parte, também são atacáveis por meio preliminares do recurso ordinário.

c) *Voluntariedade*: diante da decisão judicial caberá à parte verificar se lhe convém interpor ou não o recurso cabível, com exceção da remessa de ofício, prevista no art. 496, do CPC (súmula 303, do TST).

d) *Irrecorribilidade imediata das decisões interlocutórias*: as decisões interlocutórias, no processo do trabalho, somente poderão ser levantadas em preliminares do recurso principal – do recurso ordinário, nos termos do art. 893, § 1º, da CLT, não havendo, portanto, recurso imediato cabível para atacá-la.

e) *Inexigibilidade de fundamentação*: segundo o art. 899, da CLT, os recursos trabalhistas podem ser interpostos por meio de simples petição. Ou seja, nos termos da CLT, não haveria necessidade de que a parte fundamentasse seu recurso, bastando que requeresse que o tribunal reexaminasse a decisão da qual recorre, por dela discordar.

Contudo, essa regra vem sendo mitigada pelo TST, conforme entendimento consagrado na súmula n. 422:

> **Recurso. Apelo que não ataca os fundamentos da decisão recorrida. Não conhecimento. Art. 514, II, do CPC.** Não se conhece de recurso para o TST, pela ausência do requisito de admissibilidade inscrito no art. 514, II, do CPC, quando as razões do recorrente não impugnam os fundamentos da decisão recorrida, nos termos em que fora proposta (art. 1010, do CPC de 2015).

Esse princípio não é aplicável às provas do exame de ordem tendo em vista que o examinando está sendo avaliado para se apurar se tem habilidade suficiente para redigir tecnicamente um recurso.

Os recursos estão de um modo geral sujeitos a pelo menos dois efeitos básicos: o devolutivo e o suspensivo. Em regra, os recursos no processo do trabalho apenas admitem efeito devolutivo (art. 899, da CLT), possibilitando-se a execução provisória da sentença até a penhora.[1]

Para se interpor um recurso a parte deverá ficar atenta às exigências previstas em lei. Essas exigências são chamadas de pressupostos recursais.

---

1 Apesar da previsão no § 4º, do art. 301, do CPC, do chamado efeito translativo aplicável aos recursos de um modo geral, este não pode ser considerado para efeito da prova prático-profissional do exame de ordem devido a necessidade de se apurar as habilidades do examinando. Sobre o efeito translativo, ensina Renato Saraiva que "Em relação às questões de ordem pública, as quais devem ser conhecidas de ofício, não se opera a preclusão, podendo o juiz ou tribunal decidir tais questões ainda que não constem das razões recursais ou das contrarrazões, gerando o denominado efeito translativo do recurso. De outra forma, podemos dizer que o ordenamento jurídico vigente permite a autoridade julgador do apelo conhecer de questões não ventiladas no recurso ou contrarrazões, sem que isto consista num julgamento *ultra* ou *extra petita*, como, por exemplo, nas hipóteses dos arts. 267, § 3º, e 301, § 4º, ambos do CPC... (SARAIVA, Renato. *Curso de Direito Processual do Trabalho*. 5 ed. São Paulo: Método, 2008. p. 502).

Os pressupostos recursais são de duas ordens: os subjetivos, também denominados de intrínsecos e os objetivos, também denominados de extrínsecos. São pressupostos subjetivos a legitimidade, a capacidade e o interesse em recorrer. São pressupostos objetivos a recorribilidade do ato; a adequação; a tempestividade, o preparo e a adequada representação processual.

Devido à importância para a elaboração do recurso ordinário, vamos discorrer um pouco sobre a adequação, a tempestividade, o preparo e a adequada representação processual.

A adequação impõe que a parte deve interpor o recurso correto em relação à decisão que quer atacar. Portanto, deve-se buscar saber quais são as decisões que poderão ser atacadas por meio do recurso ordinário e a resposta encontra-se no art. 895 da CLT que tem a seguinte redação:

> Art. 895. Cabe recurso ordinário para a instância superior:
>
> I – das decisões definitivas ou terminativas das Varas e Juízos, no prazo de 8 (oito) dias; e
>
> II – das decisões definitivas ou terminativas dos Tribunais Regionais, em processos de sua competência originária, no prazo de 8 (oito) dias, quer nos dissídios individuais, quer nos dissídios coletivos.

Em síntese, caberá recurso ordinário das sentenças definitivas ou terminativas dos juízes do trabalho ou de juiz de direito investido da jurisdição trabalhista e dos acórdãos dos Tribunais Regionais do Trabalho em processos de sua competência originária, como, por exemplo, quando julgam ações rescisórias.

Contudo, como vimos acima, o art. 895, da CLT, não encerra a questão, tendo em vista que as decisões interlocutórias devidamente protestadas deverão também ser atacadas nas preliminares do recurso ordinário.

Em alguns exames de ordem, a FGV incluiu uma sentença fictícia de uma vara do trabalho. Essa prática é boa para o examinando por que facilmente conseguirá identificar a peça processual que deverá desenvolver, que é o recurso ordinário.

No procedimento sumário, contudo, discute-se se é cabível ou não o recurso ordinário, tendo em vista que o § 4º, do art. 2º, da Lei n. 5.584/70 preceitua que só caberá recurso quando a sentença afrontar a Constituição

Federal. Por isso, alguns doutrinadores advogam a tese de que será cabível recurso extraordinário diretamente ao STF e não o recurso ordinário.

A tempestividade é o pressuposto recursal que impõe à parte o ônus processual de recorrer no prazo previsto em lei, pois se não o fizer, seu recurso não será admitido por ser intempestivo. O prazo para a interposição do recurso ordinário é de 8 dias contados da publicação da sentença ou acórdão.

O preparo é a demonstração, pela parte recorrente, de que efetuou o recolhimento das custas processuais e do depósito recursal, se for necessário seu recolhimento conforme os dados do exercício. Na sentença, o juiz do trabalho deve fixar o montante das custas com base nos critérios definidos no art. 789, da CLT.[2]

Além das custas, deverá o empregador, caso haja condenação em pecúnia, comprovar o recolhimento do depósito recursal, previsto no art. 899, § 1º, da CLT. Inexistindo condenação em pecúnia, não há que se falar em depósito recursal.

Por fim, a representação processual decorre da atuação do advogado da parte recorrente, fazendo o examinando às vezes de advogado da parte, seja do reclamante ou do reclamado, conforme exigido no exercício.

---

2 Art. 789. Nos dissídios individuais e nos dissídios coletivos do trabalho, nas ações e procedimentos de competência da Justiça do Trabalho, bem como nas demandas propostas perante a Justiça Estadual, no exercício da jurisdição trabalhista, as custas relativas ao processo de conhecimento incidirão à base de 2% (dois por cento), observado o mínimo de R$ 10,64 (dez reais e sessenta e quatro centavos) e serão calculadas: I – quando houver acordo ou condenação, sobre o respectivo valor; II – quando houver extinção do processo, sem julgamento do mérito, ou julgado totalmente improcedente o pedido, sobre o valor da causa; III – no caso de procedência do pedido formulado em ação declaratória e em ação constitutiva, sobre o valor da causa; IV – quando o valor for indeterminado, sobre o que o juiz fixar. § 1º As custas serão pagas pelo vencido, após o trânsito em julgado da decisão. **No caso de recurso, as custas serão pagas e comprovado o recolhimento dentro do prazo recursal** [grifo nosso]. § 2º Não sendo líquida a condenação, o juízo arbitrar-lhe-á o valor e fixará o montante das custas processuais. § 3º Sempre que houver acordo, se de outra forma não for convencionado, o pagamento das custas caberá em partes iguais aos litigantes. § 4º Nos dissídios coletivos, as partes vencidas responderão solidariamente pelo pagamento das custas, calculadas sobre o valor arbitrado na decisão, ou pelo Presidente do Tribunal.

Desse modo, se o exercício nada disser a respeito de representação processual, bastará que você, examinando, faça uma mera referência à representação da parte por meio de advogado, com a utilização daquela velha frase: "por meio de seu advogado abaixo assinado".

Todavia, se o exercício disser que você, examinando, foi contratado para patrocinar seu cliente, reclamante ou reclamado, a partir dessa fase processual, para a interposição do recurso ordinário, você deverá incluir os dados do advogado, mais especificamente, o endereço completo, o endereço eletrônico e a referência de que a procuração encontra-se anexada ao recurso ordinário, tal como foi feito na apresentação da reclamação trabalhista e da contestação, que aqui, didaticamente, se repete: "por intermédio de seu advogado que a esta subscreve, conforme procuração anexa, cujo escritório está localizado na Rua..., Nº..., Bairro..., Cidade..., Estado..., CEP..., endereço eletrônico..., para onde requer sejam encaminhadas eventuais intimações".

A observância dos pressupostos recursais é de suma importância porque serão verificados tanto pelo juízo *a quo* quanto pelo juízo *ad quem*. Assim, o juízo de primeira instância – também denominado juízo *a quo* – fará a primeira análise do recurso; se entender que falta qualquer dos pressupostos processuais não admitirá o recurso, devendo a parte, por isso, interpor agravo de instrumento para que o recurso siga para o tribunal. Neste, que é o juízo de segunda instância – também denominado de juízo *ad quem* – os pressupostos recursais serão reexaminados de novo pelo relator do processo; se for verificado que falta algum deles, o recurso não será conhecido, impossibilitando-se que o recurso seja analisado.

6.1 REQUISITOS DA PETIÇÃO DO RECURSO ORDINÁRIO

A interposição do recurso ordinário segue a praxe forense, totalmente reconhecida e acatada pelo exame de ordem: assim, costuma-se, pela praxe, interpor o recurso ordinário por meio de uma petição endereçada para o órgão de cuja decisão se recorre, chamada de **petição de interposição**, acompanhada de outra petição, iniciada na folha seguinte, com as razões do recurso, endereçada ao órgão que fará o reexame do caso, chamada de **razões do recurso**, ou simplesmente, petição com as razões recursais.

Portanto, para a análise dos requisitos do recurso ordinário deveremos desmembrar este tópico em duas partes: na primeira será analisada a petição de interposição e, na segunda, a petição com as razões do recurso ordinário.

6.1.1 Petição de interposição

Nesta parte, veremos os elementos que deverão ser observados na elaboração da petição de interposição do recurso ordinário.

6.1.1.1 Endereçamento

O recurso ordinário deverá ser endereçado ao mesmo juízo que prolatou a decisão da qual se recorre.

6.1.1.2 Número do processo

Deve-se incluir logo após o endereçamento o número completo do processo.

6.1.1.3 Apresentação

A alusão às partes do processo originário, uma vez que já estão devidamente qualificadas nos autos do processo; a informação do inconformismo do recorrente; a apresentação do recurso que está interpondo, com o respectivo fundamento legal (art. 895, I ou II da CLT) e o requerimento de encaminhamento do recurso ao tribunal do trabalho competente para apreciá-lo.

6.1.1.4 Tempestividade

Deve o examinando fazer alusão ao fato de que o recurso está sendo interposto no prazo legal, observando-se que, às vezes, há a necessidade de se demonstrar a tempestividade de acordo com as datas informadas no exercício.

6.1.1.5 Preparo

O examinando terá de fazer referência à juntada dos comprovantes de recolhimento do preparo. Como dissemos acima, o preparo é o recolhimento das custas e, quando cabível, do depósito recursal.

Caso o recorrente seja o reclamante, haverá duas hipóteses:

1ª) Se o reclamante for beneficiário da justiça gratuita, far-se-á alusão a esse fato e que, por isso, não houve juntadas do comprovante das custas processuais ou

2ª) Se o reclamante não for beneficiário da justiça gratuita, deverá o examinando fazer alusão às custas processuais. Contudo, não deverá fazer referência ao depósito recursal tendo em vista que este somente se aplica à Reclamada.

Caso o recorrente seja o reclamado, haverá, também, duas hipóteses:

1ª) Se o exercício fizer alusão ao fato de que o reclamado está com insuficiência de recursos para efetuar o recolhimento das custas e do depósito recursal, deverá fazer o requerimento de concessão dos benefícios da justiça gratuita, extensível às pessoas físicas e jurídicas, indistintamente, por força do art. 98, do CPC. ou

2ª) Se o exercício nada disser sobre a condição econômica do reclamado, deverá o examinando fazer alusão à juntada do comprovante de recolhimento das custas processuais e do depósito recursal.

6.1.1.6 Encerramento

Faz-se o pedido de deferimento, inclui-se o local, a data, seguidos, respectivamente, de reticências, e a assinatura do advogado por meio da expressão ADVOGADO..., seguida de OAB....

6.1.2 Petição de razões do recurso

Após a elaboração da petição de interposição do recurso ordinário, deverá o examinando preparar a petição com as razões do recurso. Nessa petição, o examinando desenvolverá toda matéria necessária para defender o interesse de quem o exercício determinar, que será, hipoteticamente, seu cliente, seja o reclamante, seja o reclamado. Portanto, deverá ser desenvolvida nas seguintes partes:

6.1.2.1 Endereçamento

Deverá ser endereçada ao TRT da região da autoridade julgadora (art. 674, da CLT), que fará a distribuição para uma de suas turmas.

6.1.2.2 Epígrafe

O examinando deve incluir, logo após o endereçamento, os dados básicos do processo, ou seja, a informação de que a petição que apresenta é a petição com as razões do recurso; o número do processo e o nome do recorrente e do recorrido, com as respectivas posições no processo (reclamante ou reclamado). Pode-se incluir, também, uma saudação aos juízes do TRT, que julgarão a causa.

6.1.2.3 Fundamentos

São as razões propriamente do recurso, que deverão ser apresentadas na seguinte sequência: primeiro preliminar; depois prejudicial de mérito – prescrição e, finalmente, mérito.

Assim é que nas razões do recurso ordinário o examinando, como visto anteriormente na contestação, deve arguir, primeiramente, a (as) preliminar (es); após, a prescrição, e, por fim, o mérito.

Ocorre que as preliminares a serem arguidas no recurso ordinário são diferentes das preliminares da contestação, uma vez que aqui elas se dividem em questões processuais arguidas no curso do procedimento e indeferidas pelos juiz da causa – decisões interlocutórias e as preliminares propriamente dita previstas no art. 337, do CPC.

Então, o examinando deverá, primeiramente, arguir, por meio de preliminares, todas as questões estritamente processuais arguidas no curso do processo e que o exercício diga de tenham sido indeferidas pelo juiz, tendo em vista que no processo do trabalho as decisões interlocutórias são irrecorríveis de imediato e o momento de se apresentar recursos contra essas decisões é justamente nas preliminares do recurso ordinário.

Após, deverá o examinando verificar a ocorrência das hipóteses previstas no art. 337, do CPC, e arguí-las tal como feito na contestação.

Depois, verificará se há possibilidade de alegar a prescrição total ou parcial e, por fim, nas questões de mérito, deverão ser abordados os fundamentos de ordem material (tanto de fato quanto de direito) com que se impugna a sentença recorrida, nos estritos termos como consta no exercício.

De preferência, a arguição dos fundamentos de mérito deverá ser feita em tópicos, com, por exemplo, das horas extras; do repouso semanal remunerado etc.

6.1.2.4 Requerimentos

Após fundamentar o recurso ordinário, deverá o examinando fazer os requerimentos cabíveis de acordo com o que constar da fundamentação. Ou seja, em princípio o examinando poderá fazer os seguintes requerimentos:

- Para que o recurso seja conhecido;
- Para que seja (m) acolhida (s) a (s) preliminar (es) conforme arguida (s);
- Para que seja acolhida a prescrição total ou parcial, conforme alegada e,
- Finalmente, para que seja dado provimento ao recurso a fim de que se anule ou reforme a sentença nos termos da fundamentação do recurso.

Contudo, não se esqueça, examinando, esses requerimentos deverão ser feitos de acordo com o que constar do exercício. Entre os requerimentos acima, o primeiro deverá estar sempre presente. Contudo, os demais dependerão do exercício, pois deverão estar presentes ou não conforme o caso simulado apresentado no exercício.

6.1.2.5 Encerramento

Finalmente, deverá o examinando terminar sua petição com o pedido de deferimento, a indicação do local e da data acompanhados, respectivamente, de reticências, e a assinatura do advogado por meio da expressão ADVOGADO..., seguido de OAB....

6.2 PRÁTICA DO RECURSO ORDINÁRIO

Vamos colocar tudo isso em prática por meio do desenvolvimento dos elementos de um recurso ordinário partindo da resolução de um exercício simples.

Obs.: o exercício que vamos trabalhar é parecido com o anterior, estudado na elaboração da contestação, mas não é igual. Portanto, fique atento às pequenas diferenças!

EXERCÍCIO:

> **Elizangela Macedo** propôs, em 15/04/18, reclamação trabalhista em face de **Farmácia Remédio Amargo Ltda.**, pleiteando, em síntese, que esta fosse condenada a lhe pagar o equivalente à multa por atraso de pagamento das verbas rescisórias, prevista no art. 477, § 8º da CLT, pois entendeu que o pagamento realizado no dia 16/01/16 foi feito além do prazo estipulado por lei, que é de 10 dias contados da data da dispensa, que ocorreu no dia 06/01/16, tendo em vista que a reclamante foi dispensada de cumprir o aviso prévio. Logo, o pagamento deveria ter sido efetuado, no máximo, no dia 15/01/16. A Reclamada se defendeu alegando que, primeiramente, o direito da reclamante estava prescrito e que o pagamento foi feito corretamente no prazo legal de 10 dias, conforme comprovado pelo termo de rescisão de contrato de trabalho juntado aos autos, contados do dia seguinte à data da dispensa da empregada, conforme prevê o art. 132, do CC, aplicável ao direito do trabalho por força do art. 8º da CLT, estando esse entendimento consagrado na OJ número 162, da SDI-1. O juiz não analisou o requerimento de aplicação da prescrição e julgou o pedido da Reclamante procedente, fundamentando sua decisão no texto do § 6º, *b*, do art. 477 da CLT.
>
> Diante dessa decisão, você deverá apresentar a peça processual cabível que atenda ao interesse de sua cliente.

Veja que o interesse frustrado foi o da Reclamada, que deverá ser entendida como a sua cliente.

Iniciaremos pela **petição de interposição.**

1º PASSO: ENDEREÇAMENTO

O exercício não informa o juízo no qual o processo está em curso. Portanto, deveremos deixar em aberto o juízo no endereçamento.

EXCELENTÍSSIMO SENHOR JUIZ DO TRABALHO DA VARA DO TRABALHO DE...

2º PASSO: NÚMERO DO PROCESSO

O número do processo também não se encontra no exercício, logo, deverá ficar assim:

Processo número...

3º PASSO: APRESENTAÇÃO

A apresentação no recurso ordinário poderá ser sutil, mas deverá conter todos os dados que vimos anteriormente, com as seguintes observações:

1ª) Não há necessidade do endereço do advogado porque o exercício não informa que você foi contratado para a prática desse ato processual. Logo, subentende-se que você é o mesmo advogado que já estava atuando a favor da Reclamada.

2ª) O exercício não informa o local onde a Reclamante prestou serviços à Reclamada, logo, não poderá haver identificação do Tribunal Regional do Trabalho para o qual se pretende seja o recurso encaminhado.

Desse modo, a apresentação poderá ficar assim:

(10 linhas)

Farmácia Remédio Amargo Ltda., já devidamente qualificada nos autos da presente reclamação trabalhista em que contende com **Elizangela Macedo**, vem, por meio de seu advogado abaixo assinado, em função de seu descontentamento para com a decisão desse respeitável Juízo, interpor seu recurso ordinário, com fundamento no art. 895, I, da CLT, requerendo que seja encaminhado para o Tribunal Regional do Trabalho da ... Região.

4º PASSO: TEMPESTIVIDADE

A alusão à tempestividade nesse caso deverá ser genérica, tendo em vista que o exercício não traz datas da publicação da sentença e do prazo para a interposição do recurso ordinário, podendo ficar assim:

O recurso é tempestivo, tendo em vista que está sendo interposto no prazo de 8 dias, conforme prevê o *caput* art. 895, da CLT.

5º PASSO: PREPARO

Poderá ser fatio genericamente, como, por exemplo:

> Os comprovantes de recolhimento das custas processuais e do depósito recursal seguem anexos.

Obs.: costuma-se unir em um único parágrafo as referências à tempestividade e ao preparo, podendo ficar assim:

> O recurso é tempestivo, tendo em vista que está sendo interposto no prazo de 8 dias, conforme prevê o *caput*, do art. 895 da CLT e os comprovantes de recolhimento das custas processuais e do depósito recursal seguem anexos.

6º PASSO: ENCERRAMENTO

> Nesses termos, pede deferimento,
>
> Local..., Data...
>
> ADVOGADO...
>
> OAB...

Antes de passarmos à petição com as razões do recurso ordinário, vejamos como ficou a petição de interposição completa:

> EXCELENTÍSSIMO SENHOR JUIZ DO TRABALHO DA VARA DO TRABALHO DE...
>
> Processo número...
>
> (10 linhas)
>
> Farmácia Remédio Amargo Ltda., já devidamente qualificada nos autos da presente reclamação trabalhista em que contende com Elizangela Macedo, vem, por meio de seu advogado abaixo assinado, em função de seu descontentamento para com a decisão desse respeitável Juízo, interpor seu recurso ordinário, com fundamento no art. 895, I, da CLT, requerendo que seja encaminhado para o Tribunal Regional do Trabalho da ... Região.
>
> O recurso é tempestivo, tendo em vista que está sendo interposto no prazo de 8 (oito) dias, conforme prevê o *caput*, do art. 895 da CLT e seguem, em anexo, os comprovantes de recolhimento das custas processuais e do depósito recursal.

Nesses termos, pede deferimento, Local..., Data... ADVOGADO... OAB...

Agora, será elaborada, passo a passo, a **petição com as razões do recurso ordinário.**

1º PASSO: ENDEREÇAMENTO

Lembre-se de que não há no exercício como se identificar para qual TRT deve ser requerido o envio da petição com as razões recursais, logo, deverá ser endereçada sem essa informação, podendo ficar assim:

AO EGRÉGIO TRIBUNAL REGIONAL DO TRABALHO DA ... REGIÃO

2º PASSO: EPÍGRAFE

RAZÕES DO RECURSO ORDINÁRIO.

Recorrente: **Farmácia Remédio Amargo Ltda.** – reclamado no processo.

Recorrida: **Elizangela Macedo** – reclamante no processo.

COLENDA TURMA,

3º PASSO: FUNDAMENTAÇÃO

Não se esqueça, examinado, de que a fundamentação deverá seguir a mesma sequência que adotamos na contestação: primeiro preliminares; depois prescrição e por fim, o mérito.

Não há questões preliminares a serem arguidas por falta de indicação no exercício de decisões interlocutórias indeferidas ou de alguma das hipóteses do art. 337 do CPC.

Há prescrição total a ser arguida nesse exercício.

Prejudicial de Mérito:

<u>Da Prescrição Total</u>:

A Recorrida propôs reclamação trabalhista no dia 15/04/18, pleiteando a condenação da reclamada ao pagamento da multa do art. 477, § 8.º, da CLT, em relação a um contrato de trabalho que foi extinto em 06/01/16.

Logo, bem depois dos dois anos permitidos pelos artigos 7.º, XXIX, da CF/88 e 11, I, da CLT para que pudesse ver seu direito acolhido. Desse modo, reconhecida a prescrição, a sentença deverá ser reformada para que o processo seja extinto com julgamento do mérito, nos termos do art. 487, II, do CPC.

Há, por fim, matéria relativa ao mérito do recurso, ou seja, matéria relativa à discussão acerca do prazo para pagamento das verbas rescisórias. Desse modo, a fundamentação poderá ficar assim:

No Mérito:

Multa do art. 477, § 8.º, da CLT:

A respeitável sentença de folhas... deve ser reformada pelos seguintes motivos:

A Recorrida propôs reclamação trabalhista por meio da qual pretendia a condenação da Recorrente a pagar o valor de R$ ... a título de multa pelo atraso no pagamento das verbas rescisórias, consoante impõe o art. 477, § 8º, da CLT, por entender que as verbas rescisórias foram pagas em prazo superior ao estipulado no § 6º, do mesmo artigo, tendo em vista que, como foi notificada da dispensa sem justa causa no dia 06/01/16 com aviso prévio indenizado, o pagamento das verbas rescisórias deveria ter sido feito no prazo de 10 dias contados da data de sua dispensa, logo, deveria ter sido efetuado até o dia 15/01/16, sendo que, como o pagamento foi efetuado no dia 16/01/16, alega que teria direito a receber a mencionada multa. Esse entendimento foi acatado pelo juiz da causa que condenou a Recorrente a pagar a referida multa.

Tal entendimento, no entanto, é equivocado. Com o advento do novo CC, os prazos para os negócios jurídicos em geral passaram a ser contados com exclusão do dia do começo e inclusão do dia do vencimento, consoante preceitua seu art. 132. Assim, tendo a Recorrida sido dispensada no dia 06/01/16, a Recorrente teria até o dia 16/01/16 para efetuar o pagamento das verbas rescisórias da Recorrida, o que foi oportunamente feito, conforme se vê do termo de rescisão do contrato de trabalho, em anexo. Essa interpretação é a mais razoável e está consagrada na nossa jurisprudência, conforme se extrai da OJ n. 162, da SDI-1, do TST. Portanto, a sentença merece ser reformada para que o pedido da Recorrida seja julgado improcedente.

4º PASSO: REQUERIMENTOS

Nesse item, deve-se ficar atento para não se fazer requerimentos desnecessários. Nos termos do exercício, somente há três requerimentos a serem feitos: o de conhecimento do recurso; o de acatamento da prescrição total e o de reforma da sentença e poderá ficar assim:

> Por todo o exposto, requer que seja o recurso conhecido por esta colenda turma e, ao final, seja provido, esperando que seja acolhida a preliminar de prescrição total suscitada, extinguindo-se o processo com resolução do mérito e, caso assim não entenda esta Colenda Corte, que a sentença seja reformada para que o pedido da reclamante seja julgado improcedente.

5º PASSO: ENCERRAMENTO

> Nesses termos, pede e espera deferimento.
>
> Local..., Data...
>
> ADVOGADO...
>
> OAB...

Veja como fica a petição com as razões do recurso ordinário completa:

AO EGRÉGIO TRIBUNAL REGIONAL DO TRABALHO DA ... REGIÃO

RAZÕES DO RECURSO ORDINÁRIO.

Recorrente: **Farmácia Remédio Amargo Ltda. -** reclamado no processo.

Recorrida: **Elizangela Pereira** – reclamante no processo.

COLENDA TURMA,

Com todo o respeito que merece a decisão do juiz prolator, a respeitável sentença de folhas... deve ser reformada pelos seguintes motivos:

Prejudicial de Mérito:

Da Prescrição Total:

A Recorrida propôs reclamação trabalhista no dia 15/04/18, pleiteando a condenação da reclamada ao pagamento da multa do art. 477, § 8.º, da CLT, em relação a um contrato de trabalho que foi extinto em 06/01/16. Logo, bem depois dos dois anos permitidos pelos artigos 7.º, XXIX, da CF/88 e 11, I, da CLT para que pudesse ver seu direito acolhido. Desse modo, reconhecida a prescrição, a sentença deverá ser reformada para que o processo seja extinto com julgamento do mérito, nos termos do art. 487, II, do CPC.

No Mérito:

Multa do art. 477, § 8.º, da CLT:

A respeitável sentença de folhas... deve ser reformada pelos seguintes motivos:

A Recorrida propôs reclamação trabalhista por meio da qual pretendia a condenação da Recorrente a pagar o valor de R$ ... a título de multa pelo atraso no pagamento das verbas rescisórias, consoante impõe o art. 477, § 8º, da CLT, por entender que as verbas rescisórias foram pagas em prazo superior ao estipulado no § 6º, do mesmo artigo, tendo em vista que, como foi notificada da dispensa sem justa causa no dia 06/01/16 com aviso prévio indenizado, o pagamento das verbas rescisórias deveria ter sido feito no prazo de 10 dias contados da data de sua dispensa, logo, deveria ter sido efetuado até o dia 15/01/16, sendo que, como o pagamento foi efetuado no dia 16/01/16, alega que teria direito a receber a mencionada multa. Esse entendimento foi acatado pelo juiz da causa que condenou a Recorrente a pagar a referida multa.

Tal entendimento, no entanto, é equivocado. Com o advento do novo CC, os prazos para os negócios jurídicos em geral passaram a ser contados com exclusão do dia do começo e inclusão do dia do vencimento, consoante preceitua seu art. 132. Assim, tendo a Recorrida sido dispensada no dia 06/01/16, a Recorrente teria até o dia 16/01/16 para efetuar o pagamento das verbas rescisórias da Recorrida, o que foi oportunamente feito, conforme se vê do termo de rescisão do contrato de trabalho, em anexo. Essa interpretação é a mais razoável e está consagrada na nossa jurisprudência, conforme se extrai da OJ n. 162, da SDI-1, do TST. Portanto, a sentença merece ser reformada para que o pedido da Recorrida seja julgado improcedente.

Dos Requerimentos:

Por todo o exposto, requer que seja o recurso conhecido por esta colenda turma e, ao final, seja provido, esperando que seja acolhida a preliminar de prescrição total suscitada, extinguindo-se o processo com resolução do mérito e, caso assim não entenda esta Colenda Corte, que a sentença seja reformada para que o pedido da reclamante seja julgado improcedente.

Nesses termos, pede e espera deferimento.

Local..., Data...

ADVOGADO...

OAB...

6.3 O RECURSO ORDINÁRIO PRONTO

A petição das duas peças que compõem o recurso ordinário deverá ficar assim, observando-se que as peças não precisarão ficar em páginas distintas, como se faz na prática forense:

EXCELENTÍSSIMO SENHOR JUIZ DO TRABALHO DA VARA DO TRABALHO DE...

Processo número...

(10 linhas)

Farmácia Remédio Amargo Ltda., já devidamente qualificada nos autos da presente reclamação trabalhista em que contende com Elizangela Pereira, vem, por meio de seu advogado abaixo assinado, em função de seu descontentamento para com a decisão desse respeitável Juízo, interpor seu recurso ordinário, com fundamento no art. 895, I, da CLT, requerendo que seja encaminhado para o Tribunal Regional do Trabalho da ... Região.

O recurso é tempestivo, tendo em vista que está sendo interposto no prazo de 8 dias, conforme prevê o *caput*, do art. 895 da CLT e seguem, em anexo, os comprovantes de recolhimento das custas processuais e do depósito recursal.

Nesses termos, pede deferimento,

Local..., Data...

____

ADVOGADO...

AO EGRÉGIO TRIBUNAL REGIONAL DO TRABALHO DA ... REGIÃO

RAZÕES DO RECURSO ORDINÁRIO.

Recorrente: Farmácia Remédio Amargo Ltda. – reclamado no processo.

Recorrida: Elizangela Pereira – reclamante no processo.

COLENDA TURMA,

Com todo o respeito que merece a decisão do juiz prolator, a respeitável sentença de folhas..., deve ser reformada pelos seguintes motivos:

Prejudicial de Mérito:

Da Prescrição Total:

A Recorrida propôs reclamação trabalhista no dia 15/04/18, pleiteando a condenação da reclamada ao pagamento da multa do art. 477, § 8.º, da CLT, em relação a um contrato de trabalho que foi extinto em 06/01/16. Logo, bem depois dos dois anos permitidos pelos artigos 7.º, XXIX, da CF/88 e 11, I, da CLT para que pudesse ver seu direito acolhido. Desse modo, reconhecida a prescrição, a sentença deverá ser reformada para que o processo seja extinto com julgamento do mérito, nos termos do art. 487, II, do CPC.

No Mérito:

Multa do art. 477, § 8º, da CLT:

A respeitável sentença de folhas... deve ser reformada pelos seguintes motivos:

A Recorrida propôs reclamação trabalhista por meio da qual pretendia a condenação da Recorrente a pagar o valor de R$ ... a título de multa pelo atraso no pagamento das verbas rescisórias, consoante impõe o art. 477, § 8º, da CLT, por entender que as verbas rescisórias foram pagas em prazo superior ao estipulado no § 6º, do mesmo artigo, tendo em vista que, como foi notificada da dispensa sem justa causa no dia 06/01/16 com aviso prévio indenizado, o pagamento das verbas rescisórias deveria ter sido feito no prazo de 10 dias contados da data de sua dispensa, logo, deveria ter sido efetuado até o dia 15/01/16, sendo que, como o pagamento foi efetuado no dia 16/01/16, alega que teria direito a receber a mencionada multa. Esse entendimento foi acatado pelo juiz da causa que condenou a Recorrente a pagar a referida multa.

Tal entendimento, no entanto, é equivocado. Com o advento do novo CC, os prazos para os negócios jurídicos em geral passaram a ser contados com exclusão do dia do começo e inclusão do dia do vencimento, consoante preceitua seu art. 132. Assim, tendo a Recorrida sido dispensada no dia 06/01/16, a Recorrente teria até o dia 16/01/16 para efetuar o pagamento das verbas rescisórias da Recorrida, o que foi oportunamente feito, conforme se vê do termo de rescisão do contrato de trabalho, em anexo. Essa interpretação é a mais razoável e está consagrada na nossa jurisprudência, conforme se extrai da OJ n. 162, da SDI-1, do TST. Portanto, a sentença merece ser reformada para que o pedido da Recorrida seja julgado improcedente.

Dos Requerimentos:

Por todo o exposto, requer que seja o recurso conhecido por esta colenda turma e, ao final, seja provido, esperando que seja acolhida a preliminar de prescrição total suscitada, extinguindo-se o processo com resolução do mérito e, caso assim não entenda esta Colenda Corte, que a sentença seja reformada para que o pedido da reclamante seja julgado improcedente.

Nesses termos, pede e espera deferimento.

Local..., Data...

ADVOGADO...

OAB...

Referências

ALMEIDA, Amador Paes de. *Curso Prático de Processo do Trabalho*. São Paulo: Saraiva, 2008.

CAMARA, Alexandre Freitas. *Lições de Direito Processual Civil*. 14 ed. Rio de Janeiro: Lumen Juris, 2008. v. 1.

CARDONE, Marly Antonieta. *Advocacia Trabalhista*. São Paulo: Saraiva, 2007.

CAVALCANTE, Jouberto de Quadros Pessoa; JORGE NETO, Francisco Ferreira. *Prática jurídica trabalhista*. 2. ed. São Paulo: Atlas, 2011.

DAIDONE, Décio Sebastião. *Direito processual do trabalho ponto a ponto*. 3 ed. São Paulo: LTr, 2012.

DIAS, Carlos Eduardo Oliveira. *Teoria e Prática da Sentença Trabalhista*. 4 ed. São Paulo: LTr, 2012.

DONIZETTI, Elpídio. *Curso Didático de Direito Processual Civil*. 19 ed. São Paulo: Atlas, 2016.

GIGLIO, Wagner D.; CORRÊA, Claudia Giglio Veltri. *Direito Processual do Trabalho*. 16 ed. São Paulo: Saraiva, 2007.

GONÇALVES, Marcos Vinícius Rios. *Novo Curso de Direito Processual Civil*. 9 ed. São Paulo: Saraiva, 2012. v. 1.

GRECO FILHO, Vicente. *Direito Processual Civil Brasileiro*, 20 ed. São Paulo: Saraiva, 2009. v. 2.

LEITE, Carlos Henrique Bezerra. *Curso de Direito Processual do Trabalho*. São Paulo: LTr, 2007.

MALTA, Christovão Piragibe Tostes. *Prática do Processo Trabalhista*. 35 ed. São Paulo: LTr, 2008.

RODRIGUES, Silvio. Direito Civil. São Paulo: Saraiva, 2003. v. 1.

SARAIVA, Renato. *Curso de Direito Processual do Trabalho*. 5 ed. São Paulo: Método, 2008.

SANTOS, Moacyr Amaral. *Primeiras Linhas de Direito Processual Civil*. 25 ed. Saraiva: São Paulo, 2009. v. 2.